权威·前沿·原创

皮书系列为
"十二五""十三五""十四五"时期国家重点出版物出版专项规划项目

BLUE BOOK

智库成果出版与传播平台

广州公益慈善蓝皮书

BLUE BOOK OF GUANGZHOU'S PHILANTHROPY

广州公益慈善事业发展报告（2022）

ANNUAL REPORT ON GUANGZHOU'S PHILANTHROPY DEVELOPMENT (2022)

主　编／广州市慈善服务中心　广州市慈善会

社会科学文献出版社
SOCIAL SCIENCES ACADEMIC PRESS（CHINA）

图书在版编目（CIP）数据

广州公益慈善事业发展报告. 2022 / 广州市慈善服务中心，广州市慈善会主编. -- 北京：社会科学文献出版社，2022.11

（广州公益慈善蓝皮书）

ISBN 978-7-5228-0962-5

Ⅰ.①广… Ⅱ.①广… ②广… Ⅲ.①慈善事业-发展-研究报告-广州-2022 Ⅳ.①D632.1

中国版本图书馆 CIP 数据核字（2022）第 195840 号

广州公益慈善蓝皮书

广州公益慈善事业发展报告（2022）

主　　编 / 广州市慈善服务中心　广州市慈善会

出 版 人 / 王利民
组稿编辑 / 刘　荣
责任编辑 / 单远举
责任印制 / 王京美

出　　版 / 社会科学文献出版社（010）59367011
　　　　　　地址：北京市北三环中路甲 29 号院华龙大厦　邮编：100029
　　　　　　网址：www. ssap. com. cn
发　　行 / 社会科学文献出版社（010）59367028
印　　装 / 天津千鹤文化传播有限公司

规　　格 / 开　本：787mm×1092mm　1/16
　　　　　　印　张：14.5　字　数：190 千字
版　　次 / 2022 年 11 月第 1 版　2022 年 11 月第 1 次印刷
书　　号 / ISBN 978-7-5228-0962-5
定　　价 / 198.00 元

读者服务电话：4008918866

摘　要

本报告是社会科学文献出版社出版的第五本广州公益慈善蓝皮书，由广州市慈善服务中心、广州市慈善会组织高校学者、智库机构专家以及社会组织实务工作者撰写。

本报告分析了2021年度广州慈善事业发展的新态势。报告认为，随着《广州市慈善促进条例》的实施，广州慈善事业发展步入新的征程，具体表现为：慈善组织数量达到211家，保持良好增势；"广州慈善捐赠榜"上榜单位和个人捐赠总额达18.23亿元，个人捐赠贡献度显著提高；社区慈善基金数量达到422个，社区慈善发展的政策支持力度进一步加大；"五社联动"工作机制持续优化，社区多元主体参与社区治理的渠道更加通畅；新增备案慈善信托5单，慈善信托备案管理与专业支持体系不断健全完善；广州市番禺区启动"慈善之区"创建工作，"慈善之城"建设不断拓展深化。2022年，广州慈善改革与发展进入承上启下的关键期，对慈善组织的发展也提出了新的更高的要求。为了有效激发慈善组织活力，充分发挥慈善事业的第三次分配作用，助力共同富裕，本报告建议广州实施"基金会能力提升工程""慈善会改革创新工程""社区慈善组织培育工程""慈善服务品牌示范工程""慈善专业人才集聚工程""慈善合作平台建设工程"六大工程，促进慈善组织高质量发展。

本报告以较为翔实的数据和丰富的实践案例为依据，主要分为五个部分。第一部分为总报告，对2021年度广州公益慈善事业发展的整体情况进行了综述。第二部分为专题报告篇，由6篇文章组成，较为全面地分析了2021年度广州慈善组织发展情况及其在第三次分配中的作用，以及慈善捐赠、社区慈善、企业志愿服务、慈善专业人才队伍建设等领域的发展形势和存在的问题。第三部分为行业研究篇，包括2篇文章，重点对广州基金会行业发展情况、社会工作服务行业参与疫情防控的情况进行了细致的分析。第四部分为年度热点篇，由5篇文章组成，分别梳理和总结了2021年度广州在全国慈善领域具有一定影响和示范意义的探索和实践经验，包括党建引领慈善事业高质量发展、"慈善之区"创建、慈善文化营造、慈善普法宣传以及慈善、社工和志愿服务联动机制构建等。各篇分报告都提出了具有针对性的对策建议，供党委、政府部门和慈善组织参考。第五部分是附录，包括2篇文章，分别对2021年度广州公益慈善十件大事和法规政策文件进行了梳理。

关键词： 慈善组织　高质量发展　第三次分配　广州市

目　录 ↖

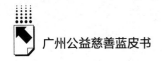

Ⅲ 行业研究篇

Ⅳ 年度热点篇

Ⅴ 附 录

皮书数据库阅读使用指南

总 报 告

General Report

B.1

激发慈善组织发展活力，
实现"十四五"良好开局

—— 广州公益慈善事业发展 2021 年度综述

广州市慈善服务中心 *

摘 要： 截至 2021 年 12 月 31 日，广州慈善组织数量达到 211
家，占广东省慈善组织数量的 12.1%。本文对 2021 年度
广州慈善事业发展的总体态势和慈善事业发展过程中面
临的主要问题进行了分析，并提出六点建议：实施"慈
善会改革创新工程"，支持慈善会更好发挥区域枢纽型
慈善组织作用；实施"基金会能力提升工程"，激发基
金会发展活力；实施"社区慈善组织培育工程"，强化
社区慈善载体建设；实施"慈善服务品牌示范工程"，

* 广州市慈善服务中心，公益一类事业单位。本文由广州市慈善服务中心统稿，广
州社会组织研究院执行院长、广州市慈善会理事胡小军执笔。

构建和推广慈善服务的"广州标准";实施"慈善专业
人才集聚工程",为慈善事业高质量发展提供人才支撑;
实施"慈善合作平台建设工程",促进慈善组织更好服
务国家及地方经济社会发展大局。

关键词: 慈善事业 慈善组织 慈善之城 广州市

2021 年是中国共产党成立 100 周年,也是"十四五"的开局之
年,广州慈善事业发展迈入了新的阶段。《中华人民共和国国民经济
和社会发展第十四个五年规划和 2035 年远景目标纲要》提出"发挥
慈善等第三次分配作用""促进慈善事业发展,完善财税等激励政
策""规范发展网络慈善平台"等一系列重要任务。① 2021 年 9 月 1
日,《广州市慈善促进条例》正式施行。该条例不仅进一步细化了
《中华人民共和国慈善法》(以下简称《慈善法》)中的相关促进措
施,而且首次将"创建慈善之城"以立法形式进行确定,必将对广
州慈善事业的长远发展产生深远影响。本文首先对 2021 年度广州慈
善事业发展的总体态势进行描述,在此基础上,聚焦慈善事业关键主
体——慈善组织,以及反映慈善事业发展情况的重点领域,分析慈善
事业发展过程中存在的问题。最后,立足广州经济社会发展实际,对
慈善事业可持续、高质量发展的路径与方向进行探讨,并提出相应的
政策建议。

---

① 《中华人民共和国国民经济和社会发展第十四个五年规划和 2035 年远景目标纲
要》,中国政府网,2021 年 3 月 13 日,http://www.gov.cn/xinwen/2021-03/13/
content_ 5592681. htm。

一　2021年度广州慈善事业发展态势分析

2021年，广州慈善工作坚持以习近平新时代中国特色社会主义思想为指导，坚持以人民为中心的发展思想，按照"党委领导、政府管理、行业协作、公众参与"的工作思路，秉承"人人慈善为人人"的理念，以深化"羊城慈善为民"行动、创建"慈善之城"为抓手，深入推进《慈善法》和《广州市慈善促进条例》的贯彻落实。广州慈善事业发展步入新的征程，发展基础更加坚实，政策环境更加优化，成果更加丰硕。广州市慈善医疗救助项目以及捐赠企业星河湾集团有限公司、广州立白企业集团有限公司荣获第十一届"中华慈善奖"，"微心愿·善暖万家"项目也被中华慈善总会评为"中华慈善品牌项目"。这一年，广州等多地发生本土疫情，各类慈善组织响应党委、政府号召，主动作为，发挥所能，积极参与疫情防控工作，发展韧性不断增强。

（一）广州慈善领域党的建设进一步加强，以高质量党建引领慈善事业高质量发展

广州始终把慈善组织党建工作作为基层党建和慈善工作的重点，对标新时代党中央对社会组织党建工作的决策部署和广东省委、广州市委工作要求，不断健全完善慈善组织党建工作体制机制。2021年，广州紧紧围绕"学党史、悟思想、办实事、开新局"要求，在慈善领域深入开展党史学习教育，实施"党建强、慈善红"行动计划，打造"红心向党、善心为民"慈善惠民服务品牌，扎实开展"我为群众办实事"实践活动。广州慈善组织开展"我为群众办实事"实践活动超7200场次，惠及群众超190万人次。

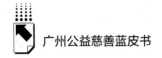

（二）首创市级慈善工作联席会议制度，构建多方协同发展机制

《广州市慈善促进条例》第五条规定："民政部门应当会同相关部门、单位建立慈善工作组织协调、信息沟通共享、信用信息披露和应急救助等机制。"2021年，广州首次建立市级慈善工作联席会议制度，并召开第一次会议，由市政府分管民政工作的副市长负责召集，31个成员单位共同研究制定慈善工作规划、解决制约发展的问题，为广州慈善事业发展提供机制保障。

（三）广州慈善组织数量达到211家，较上一年度增加26家，保持良好增势

截至2021年12月31日，广州慈善组织数量达到211家，占广东省慈善组织数量的12.1%。其中，广州具有公开募捐资格的慈善组织有11家。2020年度，广州慈善组织总数为185家，其中基金会有93家，占比50.3%。2021年度，广州新增慈善组织26家。在新增的26家组织中，有19家为基金会，至此，基金会占慈善组织总数的53.1%。由此可见，基金会这一组织形式仍构成广州慈善组织的主体。

（四）"广州慈善捐赠榜"上榜单位和个人捐赠总额达18.23亿元，个人捐赠贡献度显著提高

2021年度，"广州慈善捐赠榜"上榜单位536个，上榜个人6791人。上榜单位和个人捐赠总额达18.23亿元，与上一年度相比增长23.2%。其中，上榜个人捐赠额达到4.25亿元，占捐赠总额的23.3%。[①] 上

---

① 《2021年广州慈善捐赠　总金额达18亿元》，《南方日报》2022年1月20日，https：//epaper.southcn.com/nfdaily/html/202201/20/content_ 10002581.html。

榜个人数量及慈善捐赠金额增多，一方面是因为"广州慈善捐赠榜"的传播力和影响力日趋增强，社会关注度和居民参与度日益提高；另一方面，电子捐赠票据的普及化以及个人公益性捐赠税前扣除操作的便捷化，也促进了个人捐赠的增长，从而给广州慈善捐赠结构的优化以及慈善组织的发展带来积极影响。

（五）广州以社区慈善基金建设为重点，社区慈善发展的政策支持力度进一步加大

广州将社区慈善纳入基层社会治理体系，积极探索长效发展机制。《广州市慈善促进条例》特别鼓励"慈善捐赠站点"和"社区慈善基金"的设立，鼓励城乡社区组织在本社区内部开展群众性互助互济活动。截至 2021 年底，广州全市在市、区两级慈善会设立的"社区慈善基金"数量达到 422 个，筹款总额超 3000 万元；设立社区慈善捐赠站点 203 个，有力促进慈善资源下沉社区；全市共申报挂牌慈善空间 358 个，认证通过挂牌慈善空间 165 个。[1] 此外，2021 年，广州市民政局先后制定发布《广州市培育发展社区社会组织专项行动实施方案（2021—2023 年）》和《广州市推动社区慈善发展行动方案（2021—2023 年）》，为社区慈善的发展提供了更加有力的政策保障（见表 1）。

（六）"五社联动"机制持续优化，社区多元主体参与社区治理的渠道更加通畅

2021 年，《中共中央 国务院关于加强基层治理体系和治理能力

---

[1] 《打造"慈善之城"，广州以慈善活动营造全民慈善氛围》，金羊网，2022 年 2 月 18 日，http://news.ycwb.com/2022-02/18/content_40584571.htm。

表 1 广州促进社区慈善发展的主要举措

主要举措	重点内容
发挥社区慈善主体作用	镇(街)要支持开展社区慈善活动,引导村(居)民委员会在社区慈善中发挥统筹作用,构建符合本社区实际的"五社联动"工作机制;积极培育发展社区社会组织;发挥社会工作者专业作用;大力发展社区志愿服务队伍。
打造社区慈善品牌项目	围绕民生保障领域,完善社区慈善服务清单,助力织密织牢困难群众兜底保障网;打造乡村振兴示范慈善项目;开展创建慈善社区行动,制定评选慈善社区标准,着力打造一批示范性慈善社区。
建立社区慈善支持平台	建设社区慈善(志愿服务)工作站;大力推进社区慈善基金建设,引导社区慈善基金从有形覆盖到有效覆盖;丰富"广益联募"平台社区慈善运用场景;搭建社区慈善交流平台,举办全国性社区慈善发展交流活动。
弘扬社区慈善文化	宣传推广"慈善家庭";组建社区慈善发展专家团,强化社区慈善发展研究;对社区慈善发展作出突出贡献、表现优秀的机关、企事业单位、社会组织、家庭、个人等予以激励表扬。

资料来源:《广州市推动社区慈善发展行动方案(2021—2023年)》。

现代化建设的意见》印发,特别提出"创新社区与社会组织、社会工作者、社区志愿者、社会慈善资源的联动机制"。① 从社区、社会组织、社会工作"三社联动"升级为"五社联动",更加凸显了社区志愿服务与社会慈善资源在推进社区治理创新中的重要性。广州的社区志愿服务和社区慈善基金发展起步较早,具备良好的发展基础。2021年,在基层党组织的领导下,"五社联动"机制持续优化,特别是社区社会组织、物业服务企业等社区多元主体在社区建设中的作用得到进一步发挥。

---

① 《中共中央 国务院关于加强基层治理体系和治理能力现代化建设的意见》,中国政府网,2021年7月11日,http://www.gov.cn/xinwen/2021-07/11/content_5624201.htm。

（七）积极开展慈善信托评估工作，慈善信托发展支持体系不断健全

2021 年，广州市民政局新增备案慈善信托 5 单（见表 2）。其中，"悦尔·2021 公园十九艺术文化发展慈善信托"成为广州市首单由慈善组织作为单一受托人的慈善信托。广州市民政局继 2018 年出台《广州市慈善信托备案管理指引》之后，① 又率先制定了"慈善信托评估指引及指标体系"，成立"慈善信托评估委员会"，并发布慈善信托等级评估结果。② 广州慈善信托备案管理与专业支持体系不断建立健全，促进了慈善信托的健康规范发展。

表 2 2021 年度在广州市民政局备案的慈善信托名单

慈善信托名称	备案时间	信托目的
大业信托·善业关爱儿童慈善信托计划	2021 年 6 月 24 日	资助关爱儿童及其他符合《慈善法》规定的慈善行为。
悦尔·2021 公园十九艺术文化发展慈善信托	2021 年 8 月 10 日	资助贫困艺术家及艺术创作、展览、出版等符合《慈善法》规定的公益活动。
大业信托·关情儿童慈善信托计划	2021 年 8 月 30 日	用于符合《慈善法》规定的慈善活动，助力慈善事业发展。
粤财信托·知行 2021 文化发展慈善信托	2021 年 11 月 2 日	资助社区营造及乡村振兴相关领域公益项目和慈善活动。
大业信托-盛德至善 2021 济困慈善信托	2021 年 12 月 24 日	用于医疗、教育、乡村振兴、环境保护、赋能社会组织的发展、救灾等济困公益主题活动及符合《慈善法》规定的慈善活动。

资料来源：全国慈善信息公开平台（简称"慈善中国"），https：//cszg. mca. gov. cn/platform/login. html。

---

① 《广州市慈善信托备案管理指引》，广州市民政局网站，2018 年 6 月 20 日，http：//mzj. gz. gov. cn/gk/gycsxx/content/post_ 3123425. html。
② 《广州市慈善信托评估结果公示》，广州市民政局网站，2021 年 11 月 25 日，http：//mzj. gz. gov. cn/gk/zdlyxxgk/shgysyjs/shjzhshflly/content/post_ 7932318. html。

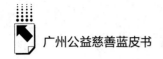

（八）广州市番禺区启动"慈善之区"创建工作，推动"慈善之城"建设不断拓展深化

《广州市国民经济和社会发展第十四个五年规划和 2035 年远景目标纲要》明确提出深化"慈善之城"创建。① 这一要求的提出不仅需要广州市级层面作出新的部署，而且特别需要 11 个区的积极推动。在此背景下，番禺区率先行动，在 2021 年 9 月，番禺区人民政府发布《番禺区创建"慈善之区"工作方案（2021—2023 年）》，以"慈善之区、幸福番禺"为主题，构建具有番禺特色的现代慈善公益体系。② 番禺区"慈善之区"创建工作的启动具有积极的示范价值和标志意义，不断推动广州"慈善之城"建设走深走实。此外，从化区以建设全国全省乡村振兴示范区为契机，促进慈善发展与乡村振兴战略紧密结合，正在形成特色鲜明的慈善事业发展之路。

二　广州慈善事业发展中需要关注的几个问题

广州自 2017 年正式启动"慈善之城"创建工作以来，已走过五年多的历程。一路走来，广州在慈善地方立法、慈善社会监督、慈善组织透明度评价、社区慈善基金培育、社区志愿服务、慈善文化建设等多个方面的探索和实践走在全国前列，产生了良好的示范效应。慈善组织是现代慈善事业的中坚力量。迈入"十四五"，广州慈善改革

---

① 《广州市国民经济和社会发展第十四个五年规划和 2035 年远景目标纲要》，广州市人民政府门户网站，2021 年 5 月 19 日，http：//www. gz. gov. cn/zfjg/gzsrmzfbgt/qtwj/content/post_ 7287969. html。
② 《番禺区创建"慈善之区"工作方案（2021—2023 年）》，广州市番禺区人民政府网站，2021 年 9 月 11 日，http：//www. panyu. gov. cn/zwgk/fzqrmzfgb/2021n/2021d3q/qzfwj/content/post_ 7850834. html。

与发展进入承上启下的关键期，对慈善组织的发展也提出了新的更高的要求。受新冠肺炎疫情等多重因素影响，慈善组织发展中存在的一些深层次问题也逐渐显现出来。因此，为了破解发展难题，深化"慈善之城"创建成效，充分发挥慈善事业的第三次分配作用，助力共同富裕，以更大力度推进慈善组织高质量发展，必须坚持问题导向，找准制约广州慈善组织发展的短板和弱项，提出相应的对策建议。

（一）慈善会的改革创新正在加快，但与广州公益慈善事业高质量发展的时代要求仍不相适应

慈善会在我国慈善组织体系中具有重要而独特的地位。截至2021年12月31日，广州慈善组织中具有公开募捐资格的共有11家。其中，广州市、区两级12家慈善会中具有公开募捐资格的慈善会就有10家。此外，广州市、区12家慈善会2021年度的总收入约为12.8亿元，总支出达到9.3亿元。就年度平均收支规模而言，慈善会远超其他类型的慈善组织。因此，成立时间早、具有官方背景、拥有公募资格以及慈善资产规模相对较大等成为慈善会的鲜明特征。

近年来，随着社会组织管理制度改革的不断深入，以广州市慈善会、广州市番禺区慈善会、广州市从化区慈善会等为代表的慈善会积极推进机构专业化建设和社会化转型，取得了诸多成果。2021年，广州市民政局印发了进一步加强区慈善会建设的通知，并召开了"广州市慈善会系统交流大会"，促进慈善会在慈善事业高质量发展中发挥引领示范作用。[①] 在此背景下，慈善会的改革创新不断加快。但是，一些区级慈善会在秘书处基本人力配备、项目开发与实施、社

① 《广州市慈善会系统交流大会暨广州市番禺区慈善会20周年系列活动启动》，《慈善公益报》2021年5月19日，https://www.csgyb.com.cn/news/yaowen/20210519/29357.html。

区慈善支持平台搭建、信息化建设、慈善文化传播等方面与区域枢纽型慈善组织的定位和发展要求存在较大差距。

（二）基金会作为广州慈善事业发展的主体之一，作用有待充分发挥

基金会的发展状况是衡量一个地区现代公益慈善事业发展水平的重要标准。从数量上来说，2021 年，基金会占到广州慈善组织数量的 53.1%，构成慈善组织的重要主体。《慈善法》实施以来，广州基金会的数量得到较快增长，从 2017 年末的 40 家增长到 2021 年末的 123 家（见图 1）。由于基金会的注册登记有需要 200 万元原始基金的最低要求，广州基金会数量的增长一方面反映出越来越多的企业、个人或团体选择通过基金会这一形式，长期、可持续地开展公益慈善活动；另一方面也反映出广州市在基金会登记注册方面的政策环境更加开放。

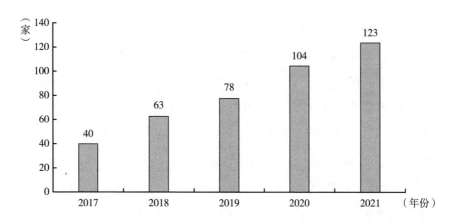

图 1　2017~2021 年在广州市登记注册的基金会数量变化

资料来源：广州社会组织信息公示平台，http：//www.gzmz.gov.cn/gzsmzj/gznpo/gznpo_index.shtml。

但是，在看到广州基金会数量不断增长的同时，也需要注意到基金会的作用发挥还不充分，与北京、上海、深圳等城市的基金会发展水平相比仍存在差距。具体而言，主要体现在三个方面。第一，基金会的资源平台作用和枢纽功能发挥不充分。当前，在广州注册的基金会中不仅缺乏具有公募资格的基金会，而且已有基金会在搭建社会公众参与慈善捐赠平台、开展联合募捐、推动慈善捐赠模式创新等方面的实践较少。第二，资助型基金会数量少，由基金会主导发起的项目资助、交流合作等相关慈善活动少，基金会的整体活力不足，在广州本土慈善生态建设中的独特价值和优势没有得到充分体现。第三，基金会的项目开发与创新能力相对较弱，在广东省及全国具有一定影响力的慈善品牌项目较少。上述这些问题反映出基金会当前存在战略定位不够清晰、运营管理理念不够先进等问题。

（三）社区慈善组织的可持续发展能力较弱，社区慈善支持平台和载体建设不完善

社区治理创新的深入推进，特别是社区社会组织培育力度的不断强化，为社区慈善组织的发展创造了良好机遇。2021 年，广州市先后制定出台《广州市社区社会组织管理办法（试行）》《广州市培育发展社区社会组织专项行动实施方案（2021—2023 年）》，在政策层面进一步加快推进社区社会组织培育发展工作。在此背景下，以社区志愿服务组织为代表的社区慈善组织得到了较快发展，以社区慈善基金为代表的社区慈善载体数量逐步增加。

与此同时，需要特别关注的是，已经成立的社区慈善组织和社区慈善基金的自我运作、自我管理和社区资源动员能力相对不足，难以常态化地开展社区慈善活动。社区慈善组织的规模一般较小，组织也较为松散。一方面反映出社区慈善组织的培育是一个长期的过程，需要足够的耐心；另一方面也反映出社区慈善支持平台与支持机制建设

需要进一步加快，从活动场地、日常联络沟通、能力培养、项目策划、资源对接等多个方面，为社区慈善组织提供持续支持，增强组织发展的动力，避免其"自生自灭"。

（四）慈善服务实体发展不足，多层次、专业化的慈善组织发展体系仍有待健全和完善

中共中央办公厅、国务院办公厅印发的《关于改革完善社会救助制度的意见》明确要求创新社会救助方式，积极发展服务类社会救助，形成"物质+服务"的救助方式。[①] 广州是国家中心城市，2021年末广州市常住人口达到1881.06万人，[②] 社会服务需求呈快速增长趋势。对此，在政府不断加大投入的同时，应积极促进和支持社会力量参与，构建多元化的社会服务供给格局。其中，慈善组织通过发起举办慈善实体、实施专业慈善服务项目，能够为困难群体提供更加多样、有效、持续的帮助和支持。

近年来，广州在慈善服务领域开展了一些在全国具有一定影响力的慈善服务项目，例如广州市金丝带特殊儿童家长互助中心面向癌症患儿持续实施的"医院游戏服务"项目，广州市海珠区满天星青少年公益发展中心实施的"乡村儿童阅读推广"项目。但整体而言，当前以慈善组织为主发起举办的教育、医疗、养老、康复等服务机构和设立的服务设施相对较少。一方面，在广州慈善组织中，社会服务机构这一组织形式占比较低。截至2021年12月31日，社会服务机构仅有23家，占慈善组织数量的10.9%。另一方面，基金会、慈善会等较具资源实力的慈善组织在慈善服务项目开发、项目资助、慈善

---

① 《关于改革完善社会救助制度的意见》，中国政府网，2020年8月25日，http：//www.gov.cn/zhengce/2020-08/25/content_ 5537371. htm。

② 《2021年广州市人口规模及分布情况》，广州市统计局网站，2022年3月4日，http：//tjj. gz. gov. cn/stats_ newtjyw/tjsj/tjgb/qtgb/content/post_ 8540233. html。

服务机构和设施建设等方面还缺乏长远的规划，相应的投入也较少，导致慈善组织工作的延伸性、深入性不足，分工协作、优势互补、相互促进的多层次慈善组织发展体系还有待建立健全。

（五）慈善信托备案数量少，财产规模较小，股权捐赠等新型慈善捐赠实践较少，与广州社会财富量级不相匹配

作为慈善领域的一大重要创新，"慈善信托"在《慈善法》中予以专章规定，其发展也得到社会各界的广泛关注。根据"慈善中国"网站发布的数据，截至 2021 年 12 月 31 日，在广州市民政局备案的慈善信托单数总计 19 单，总财产规模共 3990 万元，平均每单财产规模为 210 万元，中位值为 10 万元。可以看出，慈善信托在广州的实践仍处于探索期。由于财产规模总量不大，投资收益较少，慈善信托的实际作用发挥仍旧有限。而同样作为创新探索的股权捐赠，在现实领域也并不多见。

慈善信托、股权捐赠等慈善创新实践需要慈善组织的积极参与、倡导和推动。《广州市慈善促进条例》也积极鼓励依法设立慈善信托。但是，在 19 单慈善信托中，当前广州慈善组织担任单一受托人或与信托公司共同担任受托人的仅有 2 单。这一数据也反映出慈善组织引领慈善创新的专业能力仍旧不足，行动相对滞后。此外，促进慈善信托发展和非货币性资产捐赠的政策和措施也需要进一步强化。

（六）慈善行业组织、慈善行业社会监督机构以及慈善行业支持型组织缺乏稳定、持续的资源支持，作用发挥有限

无论是《慈善法》，还是《广州市慈善促进条例》，均非常注重推动慈善行业组织的发展，强调慈善行业组织在搭建慈善组织与政府沟通桥梁、反映行业诉求，推动行业交流合作，促进慈善行业规范化、专业化建设以及提高慈善行业公信力等方面的重要作用。广州是

国内较早在市级层面成立慈善行业组织的城市之一。早在 2014 年，广州市公益慈善联合会就注册成立，成为广东省内第一家慈善行业组织。此外，为了加强慈善的社会监督，广州市还创新性地成立了广州市慈善组织社会监督委员会，这一机制也被写入《广州市慈善促进条例》。

国内外的实践表明，无论是慈善行业组织还是各类支持型组织，在一个地区慈善体系建设中均能发挥独特的作用。这些组织不直接面向社会群体提供服务，也不同于基金会、慈善会等资源型社会组织，其主要工作在于促进本地区慈善行业建设，生产和提供的是慈善行业的"公共品"。因此，这类组织更加需要相对稳定、持续的资源支持。但是，当前这些组织在资源方面均面临不小的挑战，每年的运作资金主要通过项目的方式申请或以接受政府部门的委托的方式获得，资源的特异性和不确定性高，因而难以立足长远进行规划，一些组织也未能建立起专业化的稳定工作团队，难以打造具有较大影响力的慈善服务项目。

三 广州慈善事业发展支持体系建设的路径和方向

迈入"十四五"，广州正在奋力推动实现老城市新活力、"四个出新出彩"。"慈善之城"创建工作的深化有赖于慈善组织的充分、可持续、专业化发展。因此，从长远来看，应进一步加强慈善主体培育，着力构建慈善组织发展支持体系，激发慈善组织活力，把广州打造成粤港澳大湾区和全国慈善创新发展高地，有效发挥慈善事业在第三次分配中的作用，助力共同富裕。对此，本文建议广州实施"慈善会改革创新工程""基金会能力提升工程""社区慈善组织培育工程""慈善服务品牌示范工程""慈善专业人才集聚工程""慈善合作平台建设工程"六大工程，促进慈善组织的高质量发展。

（一）实施"慈善会改革创新工程"，支持慈善会更好发挥区域枢纽型慈善组织作用

如前所述，广州市、区两级慈善会较其他类型慈善组织而言，地位较为特殊，在区域慈善发展中扮演着重要角色。截至 2021 年 12 月 31 日，广州在区级层面认定、登记的慈善组织数量仅有 52 家，占广州慈善组织总数的 24.6%，有的区仍旧只有 1 家慈善组织。在此情况下，发挥区域枢纽型慈善组织作用，促进本地区慈善生态建设就成为慈善会的一项重要任务。本文建议以广州区级慈善会为重点，实施"慈善会改革创新工程"。首先，推动各区级慈善会建立一支社会化、职业化的秘书处团队，并加快慈善会的信息化和透明度建设。具备条件的慈善会，还应设立相对独立的办公场所。其次，在横向上，慈善会应积极搭建本地区慈善支持平台，特别是为社区慈善发展提供资源及平台等多方面的支持，加强区、镇（街）、村（居）三级慈善网络建设。最后，在纵向上，围绕本地区社会服务需求，开发策划和资助实施系列慈善项目，逐步推动各区慈善会形成具有本地特色的慈善项目和慈善服务体系。

（二）实施"基金会能力提升工程"，激发基金会发展活力

截至 2021 年 12 月 31 日，在广州市登记的基金会数量达到 123 家，当前均不具有公开募捐资格。2021 年 5 月，广东省民政厅根据《广东省人民政府关于将一批省级行政职权事项调整由广州、深圳市实施的决定》精神，将由省民政厅登记的冠名广州（市）的 33 家存量基金会登记管理权限委托至广州市民政部门。① 在这 33 家基金会

---

① 《广东省人民政府关于将一批省级行政职权事项调整由广州、深圳市实施的决定》，广东省人民政府官方网站，2021 年 2 月 13 日，https：//www.gd.gov.cn/zwgk/wjk/qbwj/yfl/content/post_ 3226277. html。

中，具有公开募捐资格的基金会有 16 家（见表 3）。此外，广州市作为省会城市，还有诸多基金会虽然在省级登记，但主要工作仍落地广州开展。面对基金会发展的新格局，建议启动实施"基金会能力提升工程"，基于基金会的捐助法人属性，着重从基金会筹资模式创新、慈善财产保值增值投资、资助项目设计与管理等几个层面出发，推动基金会发挥自身优势，成为"慈善之城"建设的重要引擎。

表 3　管理权限下放广州且具有公募资格的基金会名录

基金会名称	成立时间
广州市法律援助基金会	2016 年 5 月 11 日
广州市南沙区教育基金会	2012 年 6 月 5 日
广州市禁毒基金会	2007 年 7 月 17 日
广州市从化区教育基金会	2004 年 5 月 13 日
广州市番禺区见义勇为基金会	2001 年 12 月 11 日
广州市白云区教育基金会	2000 年 9 月 15 日
广州市花都区教育基金会	1995 年 5 月 31 日
广州市华侨文化发展基金会	1995 年 3 月 21 日
广州市职工济难基金会	1995 年 1 月 9 日
广州市青少年发展基金会	1993 年 12 月 30 日
广州市番禺区教育基金会	1993 年 5 月 18 日
广州市人口福利基金会	1992 年 11 月 26 日
广州市科技进步基金会	1992 年 6 月 27 日
广州市见义勇为基金会	1990 年 10 月 10 日
广州市教育基金会	1989 年 3 月 10 日
广州市残疾人福利基金会	1983 年 3 月 1 日

资料来源：中国社会组织政务服务平台，https：//chinanpo. mca. gov. cn。

（三）实施"社区慈善组织培育工程"，强化社区慈善载体建设

随着广州"慈善之城"建设的不断深入，社区慈善的基础性和重要性更加凸显。社区慈善是人人可参与的慈善，也是家门口的慈

善，需要广泛动员社区资源，激发居民内在力量。因此，社区慈善的发展，一方面需要镇（街）、社区"两委"的大力支持和社区多元主体之间的积极联动，另一方面有赖于社区慈善组织的发育和成长。鉴于此，建议广州实施"社区慈善组织培育工程"，进一步强化社区慈善载体建设。首先，基于社会工作服务站（点）全覆盖的优势，深化"社工+慈善+志愿者"战略，推进社区慈善（志愿服务）工作站建设，充分发挥社工在社区慈善组织培育中的专业引导和支持作用；其次，在全市范围内适时发起举办"社区公益节""社区慈善周""社区志愿服务日"等大型倡导活动，传播社区慈善文化，弘扬志愿服务精神，增进社会各界对社区慈善的认知和了解；最后，围绕为老服务、困境儿童关爱、困难家庭帮扶、应急管理等重点领域，推动打造一批具有广泛覆盖面、较高影响力的社区慈善项目，并通过具体项目的实施，带动社区慈善组织的能力提升。

（四）实施"慈善服务品牌示范工程"，构建和推广慈善服务的"广州标准"

传统慈善向现代慈善的转型，表现为慈善的组织化、专业化和科学化水平的提升。对一个地区慈善事业发展状况的考察，除了关注慈善组织数量、慈善捐赠规模等较为显性化的指标外，还应特别关注慈善资源的配置效率与实际使用效益。筹集资源并不是慈善组织的目的，切实帮助到身处困境中的个人、家庭和群体，传递社会的温暖和关爱，实现助人自助，这才是慈善组织的初心和使命。因此，慈善服务项目的开发与有效实施越来越得到捐赠人和慈善组织的重视。《慈善法》第五十六条也特别规定："慈善组织应当合理设计慈善项目，优化实施流程，降低运行成本，提高慈善财产使用效益。"因此，建议广州实施"慈善服务品牌示范工程"，高标准打造慈善服务示范点，支持基金会、慈善会等慈善组织创设慈善服

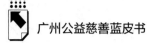

务实体，开发实施慈善服务品牌项目，建立和推广慈善服务的"广州标准"。

（五）实施"慈善专业人才集聚工程"，为慈善事业高质量发展提供人才支撑

广州正在着力建设具有全球影响力的高水平人才强市，打造粤港澳大湾区高水平人才高地重要战略支点。[①] 慈善组织的高质量发展需要高素质的人才支撑。面对慈善专业人才缺乏这一问题，本文建议广州启动实施"慈善专业人才集聚工程"。首先，探索建立慈善组织人才分类认定目录，畅通慈善组织专业技术人员职称申报和技能等级认定渠道；其次，利用广州高等教育资源较为丰富的优势，依托高校、科研院所等不同平台，合作建立多层次的慈善人才培养基地，大力推动慈善领域专业人才培养工作；最后，紧抓粤港澳大湾区和深圳先行示范区"双区"建设机遇，加强与深圳、香港、澳门等城市知名慈善组织的合作，探索开展慈善专业人才联合培养项目，并积极引进国内外知名慈善组织或慈善项目落地广州，吸引更多优秀人才加入慈善行业。

（六）实施"慈善合作平台建设工程"，促进慈善组织更好服务国家及地方经济社会发展大局

诸多实践表明，只有坚持胸怀全局、服务大局，把慈善组织的发展同党和国家中心工作、同地方经济社会发展紧密结合起来，才能更好地践行慈善组织的使命，彰显其时代价值。面对日趋多元化的社会需求和日益复杂多变的社会问题，单个慈善组织拥有的资源

---

① 周甫琦：《广州奋力打造粤港澳大湾区高水平人才高地重要战略支点》，南方网，2021 年 11 月 9 日，https://news.southcn.com/node_ 54a44f01a2/1546471d90.shtml。

和专业能力都是非常有限的。在此情况下，协同合作是慈善组织发展的必然选择。本文建议广州实施"慈善合作平台建设工程"，在重疾救助、未成年人保护、乡村振兴、重大突发事件应急响应等重点领域，通过政社协同、多元共建模式，加强慈善合作平台的规划与建设，促进慈善组织之间，慈善组织与政府部门、企事业单位、其他社会组织之间的协同合作，更加有效地发挥慈善资金的杠杆作用，提升慈善工作整体效能，不断满足人民群众日益增长的美好生活需要。

四 结语

《广州市人民政府工作报告（2022 年）》指出，未来五年，是广州为实现老城市新活力、"四个出新出彩"立柱架梁、夯基垒台的阶段，也是广州实现高质量跨越式发展的黄金五年。[①] 广州慈善事业发展也迈入新的阶段，可持续、专业化、高质量成为新的主题词。面对新的形势，广州慈善组织应时刻保持紧迫感，践行以人民为中心的发展思想，以时不我待、只争朝夕的精神投入"慈善之城"建设之中。

面向未来，在政策层面，应继续发扬广州敢为人先、开放包容、求真务实的精神，加强慈善政策创新，特别是贯彻落实好《广州市慈善促进条例》，制定出台系列配套措施，为慈善组织的发展创造更加良好的政策环境。在行业层面，基金会、慈善会和慈善行业组织在广州慈善生态建设中应该展现更大的担当和作为，充分发挥各自的优势，在慈善服务创新、社区慈善发展、慈善行业建设等方面发挥先行

---

① 《广州市人民政府工作报告（2022 年）》，广州市人大常委会网站，2022 年 1 月 30 日，https：//www. rd. gz. cn/zyfb/bg/content/post_ 227056. html。

示范作用。在组织层面，不同类型的慈善组织应基于各自特点和属性，以社会化、专业化、品牌化为方向，坚持党的领导，加强自身能力建设，持续完善法人治理结构和治理机制，拓宽资源筹集路径，建立科学的项目管理体系，不断增强组织的创新力，为广州经济社会发展贡献更大力量。

专题报告篇
Special Reports

B.2
2021年度广州市慈善组织发展状况
分析报告

胡小军　陆小慧*

摘　要： 截至2021年12月31日，广州全市共有211家慈善组织，较2020年度净增加26家，数量呈逐年上涨趋势。具有公开募捐资格的慈善组织共有11家，占慈善组织总数的5.2%。为了进一步促进广州慈善组织的发展，本报告提出四点建议：支持更多符合条件的慈善组织申请获得公开募捐资格；开发和打造具有广州特色的公开募捐项目；加强社区慈善基金建设，增强慈善组织的社区资源动员能力；主动适应数字化、网络化、智能化时代发展趋势，加强慈善行业信息化建设，持续提升慈善组织透明度整体水平。

关键词： 慈善组织　慈善会系统　公开募捐　广州市

＊ 胡小军，广州社会组织研究院执行院长，广州市慈善会理事；陆小慧，广州社会组织研究院兼职研究员。

自 2016 年《中华人民共和国慈善法》（以下简称《慈善法》）颁布实施以来，广州市、区两级登记的慈善组织数量保持较快增长，成为广州"慈善之城"建设的重要力量。本报告以广州市社会组织管理局信息公示平台及 11 个区级社会组织信息网公布的慈善组织信息为研究基础，并通过分析"慈善中国"平台公布的公开募捐项目信息，较为清晰地呈现 2021 年度广州慈善组织发展基本状况、主要特征以及公开募捐开展情况。

一 广州慈善组织基本情况

（一）广州慈善组织的登记层级及区域分布

截至 2021 年 12 月 31 日，广州慈善组织数量达到 211 家，较 2020 年度净增加 26 家。在登记层级上，以市级层面登记为主。具体来看，市级层面登记的慈善组织共计 159 家，占比 75.4%，较上一年度提高 2.4 个百分点；区级层面登记的 52 家，占比 24.6%（见图 1）。

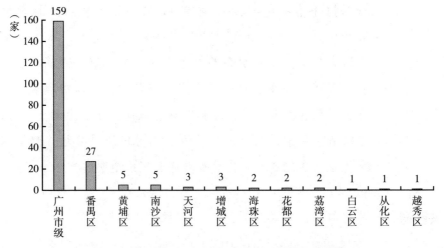

图 1　2021 年度广州市慈善组织的登记情况

资料来源：广州市社会组织管理局信息公示平台，http://mzj.gz.gov.cn/gznpo/。

从全市慈善组织注册地址所属区域来看，超过一半的组织注册地址集中在番禺区、天河区、越秀区，三区慈善组织数量占全市的52.6%。其次，注册地址在海珠区和白云区的慈善组织分别为23家和22家，而注册地址在南沙区、花都区、增城区、从化区的慈善组织均未超过10家。整体而言，广州各区之间的慈善组织数量差异明显（见图2）。

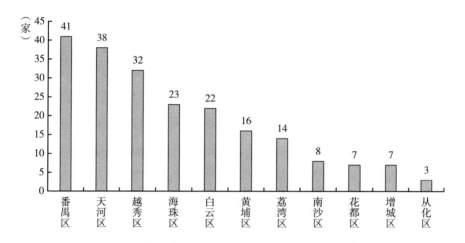

图2 广州市慈善组织注册地址区域分布情况

资料来源：广州市社会组织管理局信息公示平台，http://mzj.gz.gov.cn/gznpo/。

（二）广州慈善组织的成立时间

从注册时间来看，广州慈善组织数量快速增长出现在2016年《慈善法》颁布实施后的5年内。从数据来看，在2017~2021年5年间注册成立的慈善组织数量占总数的80.6%（见图3），而2010年前成立的慈善组织极少，仅占5.2%左右。可见，广州慈善组织整体较为"年轻"。

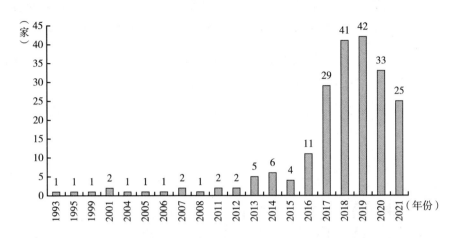

图3 广州市慈善组织成立时间分布

资料来源：广州市社会组织管理局信息公示平台，http：//mzj.gz.gov.cn/gznpo/。

（三）广州慈善组织的类型

截至 2021 年 12 月 31 日，在 211 家慈善组织中，基金会共有 112 家，较上一年度增加 19 家，占慈善组织总数的 53.1%，构成广州慈善组织的主体。社会团体共有 76 家，占比 36.0%；社会服务机构共有 23 家，占比 10.9%（详见图 4）。

二 广州慈善会系统发展状况

慈善会的发展历史较长，在我国慈善组织体系中一直具有重要而独特的地位。2021 年，广州市民政局印发了进一步加强区级慈善会建设的通知，并召开了"广州市慈善会系统交流大会"，推动慈善会更加有效地发挥枢纽型慈善组织作用，在广州慈善事业高质量发展中

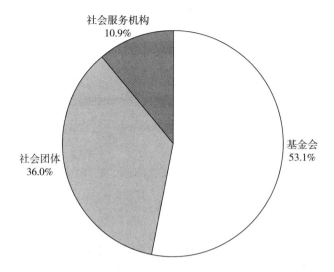

图4 广州慈善组织的类型分布

资料来源:广州市社会组织管理局信息公示平台,http://mzj.gz.gov.cn/gznpo/。

发挥引领示范作用。① 以下着重对广州市、区12家慈善会2021年度资产水平与收支规模进行分析。

(一)慈善会的资产水平

2021年度,广州12家慈善会的年末净资产总额达到14.7亿元,平均每家的净资产达1.2亿元(见表1)。

按照2021年末各慈善会的净资产规模进行排名。广州市慈善会排在第一位,净资产规模超6.8亿元。广州市海珠区慈善会和广州市番禺区慈善会分别排在第二位和第三位,净资产规模均超过1.5亿元(见表2)。

---

① 《广州市慈善会系统交流大会暨广州市番禺区慈善会20周年系列活动启动》,《慈善公益报》2021年5月19日,https://www.csgyb.com.cn/news/yaowen/20210519/29357.html。

表1　广州慈善会系统2021年末净资产水平

单位：万元

项目	总金额	中位值	平均值	最大值	最小值
总资产	146844.7	4863.7	12237.1	68535.2	837.4
负债	285.8	1.3	23.8	217.4	0.0
净资产	146558.9	4863.7	12213.3	68510.3	837.4

注：原报表以"元"为单位，此处以"万元"为单位，因为四舍五入，即使数据来源于同一家慈善会也会存在少许差异，并且，除了"总金额"和"平均值"外，其他三个指标原则上不存在与某家组织一一对应的关系，也就是说"最大值"项下的总资产和负债非来源于同一家组织。

资料来源：广州市、区慈善会2021年度审计报告。

表2　广州慈善会系统2021年末净资产规模排名

排名	组织名称	净资产（万元）
1	广州市慈善会	68510.3
2	广州市海珠区慈善会	21472.7
3	广州市番禺区慈善会	16505.7
4	广州市黄埔区慈善会	11854.0
5	广州市南沙区慈善会	6173.1
6	广州市从化区慈善会	5815.0
7	广州市花都区慈善会	3912.4
8	广州市增城区慈善会	3735.3
9	广州市越秀区慈善会	3502.0
10	广州市白云区慈善会	2658.2
11	广州市天河区慈善会	1582.9
12	广州市荔湾慈善会	837.4

资料来源：广州市、区慈善会2021年度审计报告。

（二）慈善会的收支规模

2021年度，12家慈善会的收入总计约为12.8亿元，平均每家慈善会收入1.1亿元。从收入结构来看，慈善会的收入主要来源于捐赠收入。2021年获得捐赠收入近12.6亿元，占总收入的98.2%（见图5）。

根据各慈善会2021年全年总收入规模进行排名，广州市慈善会

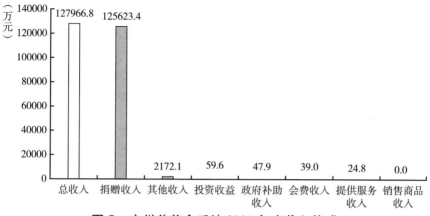

图5　广州慈善会系统 2021 年度收入构成

资料来源：广州市、区慈善会 2021 年度审计报告。

全年总收入超 6 亿元，排在全市第一位。在区级层面，广州市海珠区慈善会的全年总收入约为 3.5 亿元，远高于其他区慈善会。此外，广州市番禺区慈善会、广州市黄埔区慈善会和广州市荔湾慈善会的总收入规模均超过 5000 万元，分别位居第三名至第五名（见表3）。

表3　广州慈善会系统 2021 年总收入规模排名

排名	组织名称	总收入（万元）
1	广州市慈善会	60587.3
2	广州市海珠区慈善会	34850.5
3	广州市番禺区慈善会	6978.9
4	广州市黄埔区慈善会	6278.5
5	广州市荔湾慈善会	5141.2
6	广州市从化区慈善会	4401.4
7	广州市南沙区慈善会	2417.6
8	广州市花都区慈善会	2150.2
9	广州市天河区慈善会	1760.9
10	广州市增城区慈善会	1438.6
11	广州市白云区慈善会	991.2
12	广州市越秀区慈善会	970.2

资料来源：广州市、区慈善会 2021 年度审计报告。

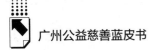

2021年度，12家慈善会共支出约9.3亿元，平均每家慈善会支出约为7744.6万元。从支出结构来看，业务活动成本约为9.1亿元，占比98.3%；管理费用为1585.9万元，占比1.7%；筹资费用和其他费用分别仅为16.8万元和4.4万元（见图6）。

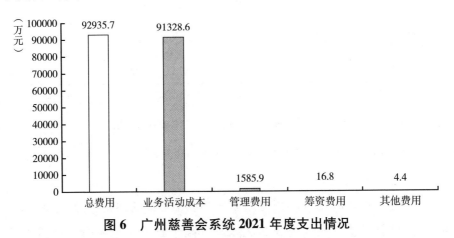

图6 广州慈善会系统2021年度支出情况

资料来源：广州市、区慈善会2021年度审计报告。

业务活动支出是衡量慈善会在公益领域的贡献度的指标之一，可反映当年组织参与公益慈善事业的活跃程度。表4基于2021年度业务活动支出金额，对慈善会进行排名。其中，广州市慈善会稳居第一名，年度业务活动支出超4.7亿元。广州市海珠区慈善会年度业务活动支出近1.5亿元，排在区级慈善会的首位。排在末位的广州市越秀区慈善会的年度业务活动支出少于500万元，作为枢纽型慈善组织的作用有待进一步提升（见表4）。

表4 广州慈善会系统2021年业务活动支出规模排名

排名	组织名称	业务活动支出（万元）
1	广州市慈善会	47170.9
2	广州市海珠区慈善会	14727.8
3	广州市番禺区慈善会	6540.6

排名	组织名称	业务活动支出（万元）
4	广州市从化区慈善会	5566.0
5	广州市荔湾慈善会	5089.3
6	广州市黄埔区慈善会	4717.1
7	广州市花都区慈善会	1959.8
8	广州市增城区慈善会	1396.9
9	广州市白云区慈善会	1307.9
10	广州市天河区慈善会	1259.6
11	广州市南沙区慈善会	1117.6
12	广州市越秀区慈善会	475.1

资料来源：广州市、区慈善会2021年度审计报告。

三　广州慈善组织公开募捐情况

（一）慈善组织公开募捐资格获得情况

截至2021年12月31日，获得公开募捐资格的广州慈善组织仅11家，占全市慈善组织的5.2%。在登记层级上，市级登记2家，区级登记9家（见表5）。从具备公开募捐资格的慈善组织类型来看，11家中有10家为慈善会，1家为其他类型的社会团体——广州市乐善助学促进会。截至2021年12月31日，广州慈善组织中仍没有具有公募资格的基金会。

（二）公开募捐项目数量及运作模式

2021年度，广州8家具有公募资格的慈善组织共开展了139项公开募捐项目。[①]其中，广州市慈善会仍是全市开展公开募捐项目最

[①] 本报告所涉及的公开募捐项目包含所有募捐截止时间为2021年12月31日，且在"慈善中国"备案的项目，https：//cszg.mca.gov.cn/biz/ma/csmh/c/csmhcindex.html。

表5 广州具有公开募捐资格的慈善组织登记层级分布

单位：家

层级	慈善组织数量	具有公募资格的慈善组织数量
广州市级	159	2
番禺区	27	1
南沙区	5	1
黄埔区	5	1
增城区	3	1
海珠区	2	1
天河区	3	1
白云区	1	1
从化区	1	1
花都区	2	1
越秀区	1	0
荔湾区	2	0
广州全市合计	211	11

注：这里所统计的慈善组织数量按照"慈善中国"官网统计口径。

资料来源：慈善中国，https：//cszg.mca.gov.cn/platform/login.html。

多的慈善组织，共计开展了47项，占比33.8%。在区级层面，广州市天河区慈善会是开展公开募捐项目最多的慈善组织（见表6）。

表6 2021年度截止的公开募捐项目情况

组织名称	公开募捐项目数量(项)	数量占比(%)
广州市慈善会	47	33.8
广州市天河区慈善会	30	21.6
广州市增城区慈善会	23	16.5
广州市从化区慈善会	16	11.5
广州市花都区慈善会	12	8.6
广州市番禺区慈善会	7	5.0
广州市乐善助学促进会	3	2.2
广州市白云区慈善会	1	0.7
合 计	139	100.0

资料来源：慈善中国-募捐方案备案，https：//cszg.mca.gov.cn/biz/ma/csmh/c/csmhcindex.html。

从公开募捐项目对应的慈善项目运作模式来看，广州公开募捐项目以"资助"模式开展为主，有62项；其次是以"混合"方式运作，有34项；完全由开展募捐的慈善组织直接进行运作的项目较少，仅8项（见图7）。由此可以初步看出，具有公募资格的慈善组织主要发挥募捐平台作用，支持更多不具有公募资格的组织开展慈善募捐活动。

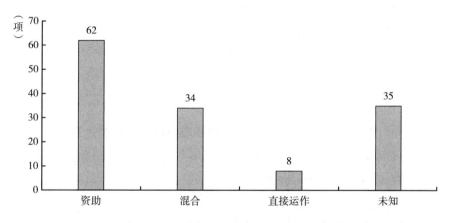

图7 广州公开募捐项目对应的慈善项目运作模式

注：部分慈善项目未填报运作模式，因此有35个项目的运作模式为"未知"。
资料来源：慈善中国-募捐方案备案，https://cszg.mca.gov.cn/biz/ma/csmh/c/csmhcindex.html。

（三）公开募捐成效分析

1.募捐目标达成率

2021年度139个公募项目中，37个项目没有设置明确的筹款目标，其余102个项目均设置了筹款目标。在设置了筹款目标的项目中，共有10个项目达成或超额完成目标，占比9.8%；完成率为50%（含）~100%的项目数量仅4个，占比3.9%（见图8）。

完成筹款目标的募捐项目中，广州市慈善会开展的"新冠肺炎

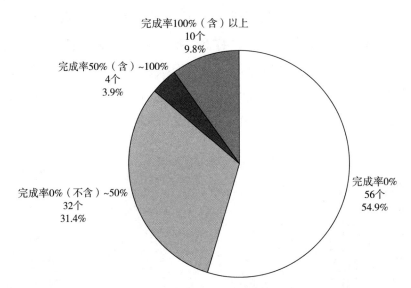

图8　2021年度广州市公开募捐项目筹款目标完成率

资料来源：慈善中国－募捐方案备案，https：//cszg. mca. gov. cn/biz/ma/csmh/c/csmhcindex. html。

紧急驰援"项目的目标达成率最高，总共筹集到约1.3亿元。筹集的金额排在第二位的是广州市从化区慈善会开展的"众志从城抗击新冠肺炎"项目，募捐到的金额为541万元（见表7）。

2. 募集资金情况及渠道类型

2021年度，广州全市139个公开募捐项目共筹集近1.8亿元，平均每个项目募捐金额为126.9万元（见表8）。其中，仅广州市慈善会开展的"新冠肺炎紧急驰援"一个项目，便贡献了约76.0%的金额。

表7　2021年度完成筹款目标的广州市公开募捐项目情况

序号	募捐项目名称	发起组织	筹款目标（万元）	募集总金额（万元）	筹款目标完成率(%)
1	新冠肺炎紧急驰援	广州市慈善会	500. 0	13403. 8	2680. 8

序号	募捐项目名称	发起组织	筹款目标（万元）	募集总金额（万元）	筹款目标完成率(%)
2	广州市增城区慈善会增城区总商会慈善基金	广州市增城区慈善会	20.0	126.4	632.0
3	生生不息救助计划	广州市慈善会	20.0	100.8	504.0
4	百里杜鹃管理区对口扶贫	广州市增城区慈善会	30.0	64.8	216.0
5	柔济基金	广州市慈善会	100.0	198.5	198.5
6	众志从城抗击新冠肺炎	广州市从化区慈善会	300.0	541.0	180.3
7	金海湖区对口扶贫	广州市增城区慈善会	30.0	53.6	178.7
8	广州市花都区慈善会·梯面镇社区基金	广州市花都区慈善会	1.5	1.9	126.7
9	情系高原光明玉树2021	广州市慈善会	24.7	24.8	100.4
10	天河区未成年人救助保护项目"童达心愿"计划	广州市天河区慈善会	2.0	2.0	100.0

资料来源：慈善中国-募捐方案备案，https：//cszg.mca.gov.cn/biz/ma/csmh/c/csmhcindex.html。

表8　2021年度广州公开募捐项目资金募集情况

单位：万元

类型	总额	中位值	平均值	最大值	最小值
公开募捐总额	17639.0	0.0	126.9	13403.8	0.0
其中:互联网募捐总额	2958.3	0.0	21.3	1750.9	0.0

资料来源：慈善中国-募捐方案备案，https：//cszg.mca.gov.cn/biz/ma/csmh/c/csmhcindex.html。

2021年度，互联网募捐为广州慈善组织贡献了16.8%的募捐金额，共筹集到2958.3万元。全年度，仅37个募捐项目通过互联网渠道筹集到善款。在此当中,广州市慈善会开展的"爱心驰援,情系河南"募捐项目,获得的互联网募捐金额达 1750.9 万元,为项目之最。整体上,延续以往年度的方式,广州公开募捐仍以线下募捐渠道为主要来源。

3. 募捐款项流向分析

从募捐项目关注的领域来看,扶贫和社区发展仍然是最受关注的领域,2021 年度共有 65 个募捐项目与之相关,占比为 46.8%。教育领域的募捐项目数量仅次于扶贫和社区发展,共计 50 个,占比为36.0%。而涉及生态环境、文化艺术、科学教育、体育等领域的项目仍旧较少,有待发展和突破。①

从募捐项目服务人群来看,儿童仍然是慈善项目最关注的人群。2021 年度,共有 42 个募捐项目服务于儿童。关注特殊人群(例如,因毒致贫戒毒人员、贫困大学生、露宿者、困境群体等)的募捐项目数量也较多,共有 31 项;关注老人群体的募捐项目有20 项。另外,重疾患者、残疾人也是广州慈善组织公开募捐所关注的重要人群。

(四)2021年度公开募捐呈现的主要特点

2021 年度广州慈善组织公开募捐主要呈现以下几个特点。一是公开募捐项目数量虽然较 2020 年度减少,但项目关注的领域进一步拓宽。二是互联网募捐贡献度有所提高,反映出慈善组织网络募捐能力不断提升。三是与疫情防控相关的募捐项目仍是重点。2021 年度与抗疫相关的前三名公开募捐项目总募捐金额近 1.5 亿元,占全年度募捐总额的 83.0%(见表 9)。

---

① 由于部分公开募捐项目领域和人群涵盖多个方面,因此针对各领域或各类人群开展的公开募捐项目数量之和大于 139 项。

表9 2021年度与疫情防控相关的前三名公开募捐项目情况

单位：万元

序号	募捐项目名称	发起组织	募捐总金额	互联网募捐金额	募捐开始时间	募捐截止时间
1	新冠肺炎紧急驰援	广州市慈善会	13403.8	725.6	2020年1月25日	2021年1月24日
2	抗击新型冠状病毒肺炎(三期)	广州市花都区慈善会	690.5	0	2021年1月11日	2021年12月31日
3	众志从城抗击新冠肺炎	广州市从化区慈善会	541.0	0	2020年1月22日	2021年12月31日

资料来源：慈善中国-募捐方案备案，https：//cszg.mca.gov.cn/biz/ma/csmh/c/csmhcindex.html。

最后，筹募资金主要集中于少数几个项目和慈善组织。统计显示，募捐金额前十名的项目共筹集1.7亿元，占比97.7%（见表10），意味着其余129个项目所筹金额仅占2.3%。另外，公开募集资金主要集中在广州市慈善会、广州市花都区慈善会、广州市从化区慈善会和广州市增城区慈善会等慈善组织，其他具有公募资格的慈善组织公募能力相对不足。

表10 2021年度募捐金额排名前十位的募捐项目

排名	募捐项目名称	开展机构	筹款总额（万元）	占总金额比例（%）
1	新冠肺炎紧急驰援	广州市慈善会	13403.8	76.0
2	爱心驰援,情系河南	广州市慈善会	1750.9	9.9
3	抗击新型冠状病毒肺炎(三期)	广州市花都区慈善会	690.5	3.9
4	众志从城抗击新冠肺炎	广州市从化区慈善会	541.0	3.1
5	助力乡村振兴	广州市增城区慈善会	207.0	1.2
6	柔济基金	广州市慈善会	198.5	1.1
7	暖守行动	广州市慈善会	157.4	0.9

排名	募捐项目名称	开展机构	筹款总额（万元）	占总金额比例(%)
8	广州市增城区慈善会增城区总商会慈善基金	广州市增城区慈善会	126.4	0.7
9	生生不息救助计划	广州市慈善会	100.8	0.6
10	百里杜鹃管理区对口扶贫	广州市增城区慈善会	64.8	0.4
合　计			17241.1	97.7

资料来源：慈善中国-募捐方案备案，https：//cszg.mca.gov.cn/biz/ma/csmh/c/csmhcindex.html。

四　广州慈善组织发展趋势和特点

（一）慈善组织数量稳步增加，以市级登记为主

整体而言，广州慈善组织总数呈历年增加趋势，但增加速度有所下降。从数据来看，2019 年净增加 48 家，2020 年净增加 32 家，2021 年净增加 26 家，年净增加数量呈现逐年减少的趋势（见图9）。此外，历年新增登记的慈善组织以市级为主。例如，2019 年广州市级新增登记的慈善组织占比 56.3%，2020 年该比例升高至 87.5%，2021 年该比例进一步提高至 92.3%。

（二）基金会在广州慈善组织体系中的重要性进一步凸显

由历年基金会数量在广州慈善组织中的占比可知，基金会的重要性进一步凸显。2018 年，基金会数量占比为 43.8%，2020 年首次超过一半，2021 年占比达到 53.1%（见图 10）。

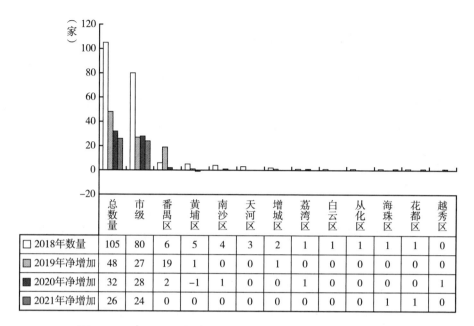

	总数量	市级	番禺区	黄埔区	南沙区	天河区	增城区	荔湾区	白云区	从化区	海珠区	花都区	越秀区
□ 2018年数量	105	80	6	5	4	3	2	1	1	1	1	1	0
2019年净增加	48	27	19	1	0	0	1	0	0	0	0	0	0
■ 2020年净增加	32	28	2	−1	1	0	0	1	0	0	0	0	1
2021年净增加	26	24	0	0	0	0	0	0	0	0	0	1	1	0

图9　2018～2021年广州市级及各区慈善组织增加情况

资料来源：广州市社会组织管理局信息公示平台，http：//mzj. gz. gov. cn/
gznpo/。

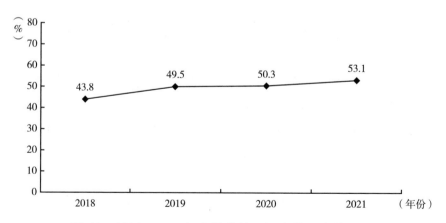

图10　2018～2021年广州慈善组织中基金会的占比

资料来源：广州市社会组织管理局信息公示平台，http：//mzj. gz. gov. cn/
gznpo/。

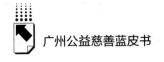

（三）已获得公募资格的慈善组织数量较少

自《慈善法》颁布实施以来，广州全市慈善组织数量从 2016 年的 13 家增加至 2021 年度的 211 家，实现了较快增长。但是，具有公开募捐资格的组织数量依然较少，仅有 11 家，并且以市、区两级慈善会为主体，组织形态较为单一，对社会多元资源的动员和整合能力仍有待增强。

（四）网络募捐能力不强仍是广州慈善组织发展的明显短板

2018~2021 年，互联网募捐对广州慈善组织的公开募捐贡献度呈现逐年上升趋势，2021 年度的贡献度达到 16.8%，但仍没有超过两成。在数字化时代，这一状况一方面反映出广州慈善组织的信息化建设水平相对滞后，另一方面也反映出广州本土具有公开募捐资格的慈善组织的平台支持功能没有得到充分有效的发挥。

五 关于加强广州慈善组织募捐能力的建议

慈善组织的高质量发展有赖于建立可持续的资源基础。随着互联网公益的迅速发展以及新型捐赠模式的逐渐兴起，慈善组织面临新的重要机遇。对此，广州慈善组织应不断加强募捐能力建设，创新资源募集模式，搭建透明、专业的慈善捐赠平台。

（一）支持更多符合条件的慈善组织申请获得公开募捐资格

广州全市已获得公开募捐资格的慈善组织数量较少，且类型单一，公募组织的平台功能发挥仍不充分。建议鼓励和支持符合《慈善组织公开募捐管理办法》第五条规定的慈善组织申请取得公开募捐资格，特别是鼓励公募型基金会的发展，进一步丰富公募组织类型和慈善募捐形式，为社会公众、企业（家）以及各类团体创造更加多样的慈善捐赠路径。

（二）开发和打造具有广州特色的公募项目

广州慈善组织在重疾救助、为老服务、困境儿童关爱、困难家庭帮扶、乡村振兴等领域具有长期而丰富的实践经验。建议慈善组织基于现代公益慈善项目设计理念和专业方法，着力打造一批具有广泛社会需求和广州特色的慈善募捐品牌项目，并加强与各类互联网公益平台的合作，采取线上和线下相结合的方式，恒常化地开展慈善募捐活动。

（三）加强社区慈善基金建设，增强慈善组织的社区资源动员能力

社区慈善基金是社区资源动员的重要载体，也是"五社联动"社区治理模式的重要组成部分。在广州各类社区慈善基金数量不断增多的情况下，应着力加强社区慈善基金的专业化建设。建议广州市、区级慈善会以及广州市善城社区公益基金会加大对社区慈善基金管委会主要负责人的培训力度，增强管委会的基金募集和管理能力。

（四）加强慈善行业信息化建设，持续提升慈善组织透明度整体水平

广州市慈善组织社会监督委员会连续多年发布广州地区慈善组织透明度排行榜单，有力促进了慈善组织透明度水平的提升。在已有良好工作基础上，建议主动适应数字化、网络化、智能化时代发展趋势，搭建慈善组织与社会公众的信息互动平台，持续提升慈善组织透明度，加强面向公众的慈善传播与倡导，增强慈善行业的整体公信力。

B.3
慈善组织在第三次分配中的作用分析

周缘园*

摘　要： 本文分析探讨广州市慈善组织在第三次分配中的作用，在
对广州市慈善组织专题调研基础上，梳理广州市慈善组织
的发展现状，以此为基础，分析慈善组织发展中的问题，
以更好参与第三次分配为目标，提出未来发展的建议。本
文认为，慈善组织是第三次分配的核心主体和实现共同富
裕的重要载体，慈善组织的资源筹集体量形成了第三次分
配的经济基础，资源分配效果影响共同富裕的实现程度。
广州市慈善组织发展总体向好，但也存在管理费用限制较
严、缺乏专职专业人才、培育不足等问题，需要重点从资
源筹集、资源分配两方面加强建设。

关键词： 慈善组织　资源筹集　资源分配　第三次分配　共同富裕

慈善组织是第三次分配的核心主体，慈善组织向捐赠人募捐，捐
赠人向慈善组织捐赠，从而形成了第三次分配的资源，慈善组织在其
中发挥着整合资源的重要作用。资源形成之后，慈善组织通过项目、
活动等方式为受益人提供服务并接受受益人的反馈。募捐、捐赠、服
务、反馈四个环节即构成了第三次分配的主体过程。其中，募捐和捐

---

* 周缘园，博士，暨南大学公共管理学院讲师。

赠是"资源筹集"的过程,服务和反馈是"资源使用"的过程。中国的慈善事业有一个"重筹集轻使用"的阶段,或许这个阶段还没有完全结束,但在政府的引导和从业者们实践经验的指导下,慈善大环境和行业意识在逐渐转变,慈善事业正在向"重筹集重使用"的新阶段发展。第三次分配对"资源使用"加以重点强调,因为筹集的慈善资源只有被合理、高效地分配出去,才能真正起到第三次分配、促进共同富裕的作用。

本文基于79家广州市慈善组织的调研,分析慈善组织资源筹集和分配情况,挖掘慈善组织在进行第三次分配过程中遇到的问题,并提出发展建议,以期促进广州市慈善组织第三次分配能力的提升。

一　广州市慈善组织资源筹集和分配情况

慈善组织运行与发展的方方面面始终围绕着慈善资源的筹集和使用这两个核心内容,因此本部分从资源筹集和资源分配两个方面说明广州市慈善组织的运行与发展情况。

(一)资源筹集方式

1. 联合募捐

截至2021年12月31日,广州市已认定、登记的慈善组织有211家,具有公开募捐资格的慈善组织有11家。没有公募资格限制了慈善组织的募捐行为,在这样的情况下,由广州市慈善会发起成立的全国互联网公开募捐平台"广益联募"为没有公募资格的慈善组织提供互联网公开募捐服务,极大提升了慈善组织的资源筹集能力。慈善组织在"广益联募"等平台上发布项目信息,将筹到的善款集中到广州市慈善会的专项账户,慈善会收取一定的管理费以后,将剩下的善款划拨给机构。在这个过程中,慈善会承担了主要的管理职责,

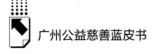

负责办理公开募捐的备案手续、资金管理、项目监督等。慈善会安排专门人员提供联合募捐的相关服务。为了激励慈善组织设计更好的项目、激发其募捐的积极性，慈善会还会为联合募捐的项目进行配捐。

2. 项目创新

广州慈善组织蕴含着强大的创新力与活力。调研中接触到的几家机构，都非常重视筹款和机构发展的持续性问题，用各自的方式创新慈善项目，加强捐赠人参与，提升项目和机构发展的可持续性。创新性的慈善项目也更容易在互联网募捐平台上获得资源。

3. 品牌效应

广州慈善工作主管部门重视打造有影响力的品牌慈善项目，在每年的"6·30广东扶贫济困日"、"99公益日"和9月5日"中华慈善日"这些重要的时间节点，重点宣传和推广品牌慈善项目。好的项目是筹款的基础，也是社会捐赠最强有力的支撑，项目的更新迭代，可以产生好的品牌效应。

4. 慈善宣传

慈善宣传是重要的信息传递的过程，广州市通过创新宣传手段，尽可能让更多的人了解到现代慈善理念、慈善项目和捐赠渠道，搭建了信息传递的桥梁。

（二）资源分配方式

资源分配是第三次分配真正起作用的方式，在党中央高度重视和强调共同富裕的新阶段，做好资源分配是慈善组织必须要重视的问题。

1. 政府资源

政府对慈善组织的资金支持主要通过购买服务实现，包含公开招标、竞争性谈判和竞争性磋商等方式。以公开招标方式为例，首先由政府公开招标，接收机构的标书；其次，由招标委员会和评标委员会进行评审；最后，评标委员会根据评审结果择优选择合适的机构，承接购买服务的项目。课题组从访谈机构处了解到，目前在广州没有定向投标的项目，政府有严格的采购内控制度，政府的采购资源给到哪个机构，完全由标书中呈现的机构能力决定。

2. 组织资源

组织资源主要有善款和服务两类，这两类资源也主要是以项目的形式来分配的。一是定向分配；二是根据服务领域，定额分配善款；三是需求方申请；四是社区慈善。社区的慈善基金强调资源的精确递送，尤其是政府救助的空白地带。社区慈善让我们看到了慈善更新的实践方式、社区更多的功能和社会治理更大的空间。

二　广州市慈善组织发挥第三次分配作用中面临的问题及制约因素

（一）慈善组织发挥第三次分配作用过程中的问题

1. "筹款难"问题普遍存在

"筹款的压力不小，筹款难，说不定哪天机构就撑不住了。"[①]

一家受访机构负责人对机构的前景非常担忧，其中筹款的压力是重要原因。这家机构的项目做得很好，在业内的知名度很高，但即使如此，机构还是面临着持续发展的问题。"筹款难"的现象仍然困扰着许多慈善组织。

慈善事业是要感性和理性并存的，没有感性的起心动念，没有这

---

① 2021年11月2日课题负责人对广州市金丝带特殊儿童家长互助中心总干事的访谈记录。

个"因"，慈善组织难以在行业里坚守。但是在感性之外，慈善组织更需要理性地去认识这个行业，要用科学的方法去从事这个行业。现在存在的问题更多是理性层面的，从业者们由于专业性受限、资源受限，或是对政策不了解，在组织管理、项目运作和沟通协作中出现了一些问题。如此种种，是慈善事业正在经历、未来要解决的问题，需要政府给予更多的扶持和帮助；需要将信息和资源的触角深入群众中，当大家有资源，想捐钱捐物的时候，可以轻松地找到渠道。这些是慈善组织未来努力的方向。

2. 资源分配效率有待提高

广州市慈善组织发挥第三次分配作用过程中，存在资源分配未能精准对接需求、未能与需求者信息有效整合的问题。信息平台的作用是减少施助方的主观因素，提高资源利用效率。但目前广州慈善信息平台建设薄弱，或是平台的作用未得到充分发挥，都影响了慈善组织的资源使用效率。此外，同类型机构间的信息共享机制尚未建立，组织之间独立运行，彼此的沟通交流不足，也导致资源的重复无效使用。在筹款能力持续提高、公民捐赠持续增多的情况下，慈善资源的体量一定是越来越大的，这也是第三次分配实现的基础。但如果不建立持续、高效的资源分配机制，机构的发展是不可持续的，第三次分配的效果也会大打折扣。

3. 互动和反馈机制未有效建立

慈善组织与受益对象之间的互动和反馈可以在服务提供过程中进行，也可以在服务结束后通过评估的方式进行。在课题组接触到的慈善组织中，并非所有的组织都进行了项目评估，有一些可能停留在概念或计划当中。没有评估的慈善项目难以掌握受益对象的真正情况，难以评价项目的实际效果，自然也就难以确保资源分配的有效性。

4. 慈善组织在专业领域深耕不足

收入缺乏稳定性和组织在专业领域的深耕不足互为因果。因为收入不稳定，对于慈善组织尤其是弱小的组织来说，获得资金便成为首要目标。为迎合资助方的要求，这些组织会根据不同资助方的要求调整自己的服务领域，从而造成服务偏离本身的专业领域。由此，导致慈善组织难以持续性获得某一特定领域的资助。

（二）慈善组织发挥第三次分配作用的掣肘因素

1. 对慈善组织的管理费用限制较严

《中华人民共和国慈善法》第六十条规定："慈善组织中具有公开募捐资格的基金会开展慈善活动的年度支出，不得低于上一年总收入的百分之七十或者前三年收入平均数额的百分之七十；年度管理费用不得超过当年总支出的百分之十，特殊情况下，年度管理费用难以符合前述规定的，应当报告其登记的民政部门并向社会公开说明情况。具有公开募捐资格的基金会以外的慈善组织开展慈善活动的年度支出和管理费用的标准，由国务院民政部门会同国务院财政、税务等部门依照前款规定的原则制定。捐赠协议对单项捐赠财产的慈善活动支出和管理费用有约定的，按照其约定。"由于立法对慈善组织的支出比例有明确的标准，地方在执法的时候也会重点检查和审计慈善组织的管理费用，这个问题是不少机构的痛点。

2. 缺乏专职专业人才

慈善领域的从业者大都没有慈善的专业背景，"半路出家"的比较多，基于从事慈善事业的初心可能就入行了，专业知识也是在实践中一点一滴学习的。究其原因，一是整个行业的薪酬水平较低，吸引不来也留不住人才。虽然对从业人员工资规定的上限为当地平均工资的两倍，[①] 但是几乎没有组织按照这个上限发工资，因为这

---

① 2020年5月，财政部、税务总局、民政部联合发布的《关于公益性捐赠税前扣除有关事项的公告》要求申请公益性捐赠税前扣除资格必须具备非营利组织免税资格，且免税资格在有效期内。这就要求社会组织不得突破两倍社平工资的要求。

将使机构陷入管理费用过高的风险。二是对慈善组织的专业培育不足。

3. 慈善组织财务管理能力弱

由于专职专业人才的缺乏，财务管理能力弱也是一个必然的结果。在访谈中了解到，一些企业设立基金会，可能就是企业家自己想在经营企业之余为慈善事业做点贡献，但他其实对慈善组织的运营管理不太了解，而且很多是企业财务部的负责人或者经办人来兼任基金会的财务人员。但是企业的财务管理跟慈善组织的财务管理完全是两套不同的体系，导致慈善组织财务管理能力弱。

4. 慈善组织培育不足

（1）行业性培育机构少。广州市有 200 多家慈善组织，为其提供培育服务的行业组织却较少。以广州唯一一家慈善行业组织——广州市公益慈善联合会为例，课题组从相关负责人那里了解到，目前联合会有 100 多个会员，有些还不是慈善组织，联合会也没有认定为慈善组织。这 100 多个会员有一些活跃度较低，不交会费、不参加活动、不交流反馈、没有人对接，基本上处于游离的状态。一家行业组织能做的有限，这样一来，接受专业培育的慈善组织就比较少，培育的领域细分度也较低，导致培育的广度不够。

（2）培育内容和需求不能完全匹配。在问到是否需要枢纽型组织支持的时候，所有受访机构都表示需要，需要的重点在筹款、行业信息共享、资源获取、组织能力建设上。同时，要重视对弱小组织的培育，因为培育的应有之义就是扶持弱小，越是处于发展初期、规模不大、能力较弱的机构越需要行业培育，行业要提升容错度、要更宽容，给弱小的机构生存、发展的机会。因为不管组织是大是小，初心都是一样的，行业需要呵护和珍视这样的初心，因为它是慈善事业发展的火种。

三 对策建议

（一）夯实第三次分配的组织基础：大力发展慈善组织

1. 逐步实现价值整合协同治理

（1）坚持"党建引领"的价值理念。党的方针政策始终是我国慈善事业发展的方向标与主心骨，党中央日益重视第三次分配对促进共同富裕的作用，慈善事业作为第三次分配的主要方式，其未来的发展仍然要继续坚持"党建引领"的价值理念，坚持道路的正确性。同时，"党建引领"需要避免形式主义，发挥基层组织和人员的积极性和主动性，将慈善的具体工作与党建业务结合起来，让从业者们在实践中践行党建思路。

（2）贯彻"以人为本"的价值观。在慈善领域，不仅需要坚持以人民为中心的发展思想，更应该准确把握其核心要义，坚持以人为本。"以人为本"不是一句口号，而是需要落实到实务工作中去。一是慈善管理应以从业者为本。"创业容易守业难"，慈善领域的从业者对此有着更深刻的体会，入行的初心需要政策的引导与激励，在行业中坚守的情怀更需要政策的鼓励和呵护。对慈善管理部门来说，需要更多出台支持性、激励性的政策。二是慈善服务应以受益人为本。慈善事业的作用最终要通过受益人效用来体现，因此要减少服务的主观性，避免"我想服务而服务"和"我能服务而服务"的主观思维，更多从受益人的角度出发，尊重他们的意愿，确立"需要我我才服务"的工作思路。

（3）形成"可持续发展"的价值共识。"可持续发展"的理念第一次被阐述是在1987年世界环境与发展委员会的《我们共同的未来》报告中。经过数十年的发展，人们对此理念的重视和认同从环境领域扩展到社会发展的各个领域。在慈善领域,慈善事业的发展亦是"我们共同的未来",因此我们需要停止短视的行为,注重维护资源的持续性,包括慈善捐赠、专业人才、组织发展、组织培育、合作共赢等方面的持续性。政府管理部门或慈善领域的枢纽型组织可依据广州的发展实际,联合慈善领域的社会组织,制定广州慈善可持续发展目标,并分类分阶段制定具体的目标,通过宣传和行业活动达成广泛共识。争取在这样的共识中,协调各个主体暂时的利益冲突,集中资源解决慈善事业发展的源头性、基础性和关键性问题。

2. 去行政化与建立竞争机制

政府要发挥与主导地位相匹配的作用,做好对其他治理主体的培育和平台搭建工作,把握权力边界,有所为有所不为,逐渐实现官方及半官方慈善组织与政府的行政分离,减少官方及半官方慈善组织对政府的行政依赖,建立慈善领域的竞争机制。慈善法出台后,慈善组织在公募市场中的竞争加大,促进了公募项目的优化。在分工与专业化的基础上,政府通过购买服务和项目资助的方式,增强同领域慈善组织在资源筹集中的竞争,通过此方式,激励慈善组织优化项目和内部管理,引入"活水"。

3. 促进慈善组织分工与专业化

明确慈善信托不同受托人之间的专业化分工。通过设立双受托人,使信托公司与慈善组织实现专业化分工,相互促进,共同推动慈善信托的发展。建立枢纽型组织的分类培育机制,引导慈善组织的业务细分和深耕。在细分领域,加强同业务领域组织之间的竞争与合作。在区一级的层面建立资源分配信息平台,根据业务领域和资源类型对组织的资源分配进行细分管理。

4. 强化慈善组织激励

畅通慈善组织登记通道。政府层面要畅通慈善组织的登记通道,为业务领域暂不符合慈善组织登记标准的组织找到业务主管单位，重新划定业务范围，使其符合登记标准。探索实现慈善组织的税收优惠制度，尽早为社会服务机构（民办非企业单位）公益性捐赠税前扣除资格的获得提供合法性依据。探索慈善信托的激励措施，制定信托公司的公益性捐赠税前扣除政策，促进慈善信托的发展。

5. 完善慈善组织培育

重视枢纽型组织的建设。通过地方立法和政策清晰界定慈善领域枢纽型组织，明确其职能，并由权威部门发布广州枢纽型组织名单。增加枢纽型组织的数量，加强对枢纽型组织的培育。加大对枢纽型组织功能的宣传力度，加强枢纽型组织与服务对象的匹配性。提高社会公众对慈善行业发展的认可度，提升枢纽型组织的社会影响力和对捐赠人的吸引力。利用发展社区慈善的契机，加大慈善宣传力度，培育公民意识，激活公众资源，扩大捐赠体量。同时，让捐赠人和社会公众认识到行业发展的重要性，引导社会捐赠资源分流至枢纽型组织。

（二）扩大第三次分配的体量：促进资源筹集

在目前的慈善捐献中，企业是最重要的主体，个人次之，这并非理想的第三次分配格局，社会公众中的大量慈善资源尚未被挖掘。要改变这种局面，关键是要着力打造正向激励个人捐赠的政策体系，如取消个人慈善捐赠的免税限额，将慈善领域的志愿服务纳入社会公共服务范畴并加以计量，对长期参与公益慈善事业的先进个人给予应有的精神褒奖与社会尊重，适时出台遗产税、赠与税等新税种，这将有利于形成人人向善、人人行善的社会环境，进而促使慈善事业全面发展，第三次分配的作用也会得到充分发挥。[1]

---

[1] 郑功成：《以第三次分配助推共同富裕》，《中国社会科学报》2021 年 11 月 25 日，第 A01 版。

（三）落实共同富裕的实效：优化资源分配

1. 促进慈善组织间的信息共享

资源分配实践中存在资源重复、无效配置的问题，这在很大程度上是因为慈善组织之间没有充分的信息交流与共享，尤其是同类型、同领域机构之间的信息共享。建议以行政区为单位，逐步建立全市的慈善资源分配信息平台，各区之间资源互补，在市一级层面实现资源的统筹分配。

2. 注重与受益人的互动反馈

第三次分配的效果和共同富裕的实效最终由受益人的效用变化体现。因此，对于慈善组织来说，建立与受益人的沟通渠道至关重要。目前广州市慈善组织尚未建立有效的与受益对象的互动和反馈机制，这将使资源分配的效果无从评价。为了改变这一局面，需要督促、激励慈善组织建立与受益人的互动反馈机制，增加互动反馈机制在透明度评价中的权重，保持适度的资源向互动反馈多的组织倾斜。

3. 重视对分配效果的评估

选择可测量、可操作的评估指标，建立可量化的评估指标体系，加强对慈善项目的评估。避免评估指标的主观性和不可操作性。进行事前、事中、事后的评估；进行常设性评估和应急性评估，侧重效果评估。评估主体应是多样化的，鼓励与第三方专业的评估机构合作。排除评估结果的干扰因素，即确保结果的改变确实是由项目执行带来的，而不是把其他因素带来的改变当作项目效果来评价。向社会公布项目的评估报告，便于公众和捐赠人了解项目执行效果，对组织进行合理合法的问责，增强组织的公信力。此外，还应加强对慈善组织的评估。相关部门和枢纽型组织应定期对慈善组织的运营、发展情况进行评估，总结和推广经验，发现并解决问题。

（四）建立与完善第三次分配的机制

1.建立信息沟通与共享机制

慈善领域的信息披露除了满足问责的需求，提高透明度和公信力以外，还有一个重要的功能，就是通过信息披露实现信息的沟通与共享，这也是信息披露中信息使用的应有之义。建议继续做好广州市慈善组织的透明度评估和区域慈善透明度的评估，定期评价和修订评估指标；建立信息共享机制和平台；形成完善的慈善信息披露机制。

2.建立参与协同机制

广州慈善实践中已经形成了多类型主体参与合作的局面，但存在不少矛盾和冲突，参与协调度不高。需要从政策层面厘清参与协同的利益调节机制和冲突化解渠道，最大限度促进多主体的参与协同。协同绝不意味着消灭差异，但要防止差异过度。应通过社区慈善建立公众参与的"多中心协同治理"机制。公众参与本质上是社会自组织能力的体现，政府施政需要得到公众的认可和参与。没有公众参与协同治理就失去了对象和基础，治理的效果也会大打折扣。将政府"我决策，你执行"的传统路径，拓展为"公众参与"的多中心协同治理合作形式，有助于政府与公众彼此了解对方的愿望和诉求，最大限度地凝聚社会共识。

3.健全监督机制

（1）健全内部监督机制。内部监督主要依靠组织内部的监事会实施，是慈善组织对自我偏差行为的修正。内部监督机制是慈善组织内部治理的重要机制，也是内部治理能力的体现。内部监督可以帮助组织有效避免风险，提高组织管理的效率，优化管理效能。因此，需要引导慈善组织建立内部监督机制，增强监事会治理的有效性。

（2）完善外部监督机制。从政府层面看，慈善监管的责任不宜单独由一个部门承担，而是应由登记注册、税收、审计、司法、检察

等多个部门协作，进行协同性监管，形成一种立法、行政和司法监管有机结合的政府监管体系。慈善监管需要充分发挥各方主体的作用，实现有效的联合监督、协同监督，提高外部监督的效率。及时向慈善组织社会监督委员会等独立的第三方监督机构补充新鲜血液，吸纳各领域、各行业、各层次的成员，形成监督的合力。

在中央高度重视第三次分配和促进共同富裕的新时代背景下，慈善事业迎来了更加有利的发展环境。我们需要保持足够的理性，看到机遇的同时更需要积极应对挑战，用更广泛的共识和各方智慧促进慈善治理的创新。未来，应逐步转变行政机制的"家长作风"，调整行政机制运行的方式，引入市场机制，建立社群机制，促进行政、市场和社群机制互补嵌入的新制度格局的形成。这样的新制度格局将更好地与国际接轨，也是全球慈善事业发展的共同趋势。未来需要更多地培育社会慈善主体，扩大第三次分配的体量和范围，积极引导社会主体参与提供慈善服务，探索完善第三次分配推动共同富裕的创新机制。

"慈善"是人类社会的一项古老的实践，在几年前的发展变化中，"慈善"又不断涌现新的形态、理念并被赋予新的内涵。现今社会，依然有部分群体因病或因意外事故致贫、致困，因此，慈善事业也要继续关注时代的命题，发挥其应有的社会作用。"道阻且长，行则将至"，这是全人类共同的追求和使命。

B.4
2021年度"广州慈善榜"捐赠分析报告

张　伟　蓝广雨*

摘　要： 广州作为"慈善之城",不断创新慈善运作机制,成绩斐然,在慈善捐赠方面也独具特色。根据"广州慈善榜"发布的慈善捐赠数据,2021年度慈善捐赠额达到18.23亿元。其中,机构慈善捐赠总额达13.98亿元,占比76.7%;个人慈善捐赠总额为4.25亿元,占比23.3%。在慈善捐赠流向方面,慈善会系统是最主要的捐赠接收机构,"教育"和"乡村振兴"是资金的主要流向领域。本报告就如何进一步加强广州慈善捐赠体系建设提出四点建议:加强头部机构捐赠网络维护,积极拓展捐赠"中间阶层";创新慈善参与方式,为捐赠者提供多元化的捐赠选择;发挥慈善会的枢纽作用,促进粤港澳大湾区慈善力量合作发展;加强社会组织专业化建设,提升社会组织可持续发展能力。

关键词： 慈善捐赠　广州慈善榜　疫情防控　乡村振兴

2021年是慈善法实施五周年,五年来,公众的慈善意识得到极大增强,慈善的法治建设得到明显进步,互联网慈善和社区慈善蓬勃发展,慈善事业从少数人关注逐步走向大众化参与,人人行善的社会

---

* 张伟,广州市慈善服务中心主任、广州市慈善会执行副会长兼秘书长;蓝广雨,"善城广州"公众号编辑,自媒体"共益资本论"联合创始人。

氛围正在加快形成。2021 年，第一个百年奋斗目标胜利实现，如何在高质量发展中促进共同富裕成为新时代国家发展进程中的重要议题。慈善事业作为国家治理体系不可或缺的重要力量，将在第三次分配、助力共同富裕中发挥重要作用。

广州作为国家中心城市、粤港澳大湾区区域发展的核心引擎，近年来慈善事业紧跟国家发展步伐，结合本土实际情况，推进慈善管理体制改革，创新慈善运作机制，率先在全国范围内创建"慈善之城"。数年下来，成效斐然。在中国慈善事业的版图里，广州是一个极具代表性的区域枢纽，通过对广州慈善捐赠数据的研究，分析广州慈善事业的基本情况，梳理广州慈善事业的发展趋势，无论对向内深化广州慈善管理体制改革，还是对外助推全国城市慈善事业发展，均有重要意义。本报告以 2021 年度"广州慈善榜"① 发布的捐赠数据为观察样本，对 2021 年度广州市慈善捐赠情况进行动态分析，观察广州市慈善捐赠的现状并预测其未来发展趋势。

一 2021年度广州慈善捐赠来源分析

（一）"广州慈善榜"收录的机构及个人捐赠情况

根据"广州慈善榜"收录的慈善捐赠数据，2021 年度"广州慈善榜"上榜捐赠总额再创新高，达到 18.23 亿元，同 2020 年度相比增长 23.2%。根据榜单，2021 年度机构慈善捐赠总额达 13.98 亿元，占比 76.7%；个人捐赠总额为 4.25 亿元，是 2020 年度的 10 倍左右，

---

① "广州慈善榜"活动由广州市民政局、广州市慈善服务中心指导，广州市慈善会、广州市公益慈善联合会联合主办，该榜单包括"慈善捐赠榜""慈善影响力榜""年度慈善致敬榜"三大榜单。本报告主要以"广州慈善单位捐赠榜"和"广州慈善达人捐赠榜"为数据来源。

占本年度总金额的 23.3%。对比上一年度,广州市慈善捐赠仍以机构捐赠为主,个人捐赠为辅,但个人捐赠的贡献度显著提高。

(二)"广州慈善榜"机构慈善捐赠情况

1. 机构捐赠总额为13.98亿元,较2020年度略有下降

2021 年度,"广州慈善榜"上榜捐赠机构(捐赠额不低于 10 万元)共有 536 家,少于上一年度的 546 家。合计捐赠总额 13.98 亿元,较上一年度下降 2.8%。平均每家机构捐赠额为 260.8 万元(见表1)。

表1 2021 年度"广州慈善榜"机构捐赠情况

上榜机构数 (家)	捐赠总额 (亿元)	平均捐赠额 (万元)	捐赠中位值 (万元)	捐赠最大值 (万元)	最小值 (万元)
536	13.98	260.8	28.3	30653.6	10.0

2021 年度捐赠金额排前十位的机构合计贡献 9 亿元,占机构捐赠总额的 64.4%,较 2020 年度占比提高 2.7 个百分点,捐赠来源机构集中度进一步提高。2021 年度捐赠金额排在第一位的是星河湾集团有限公司,全年度捐赠近 3.1 亿元,连续三年蝉联广州慈善捐赠榜首(见表2)。

表2 2021 年度广州捐赠金额排前十位的机构

排名	机构名称	捐赠金额(万元)
1	星河湾集团有限公司	30653.6
2	广东敏捷地产(集团)有限公司	20864.9
3	广州富力地产股份有限公司	7417.9
4	广东邓老凉茶药业集团股份有限公司	5483.7
5	广州市时代控股集团有限公司	5224.0
6	华邦控股集团有限公司	5035.7
7	唯品会(中国)有限公司	4711.3
8	广东东升实业集团有限公司	4247.5
9	新世界(中国)地产投资有限公司	3638.8
10	广东省方圆公益基金会	2828.4

2. 五星机构构成捐赠主力，年捐赠金额50万元以下机构数量最多

"广州慈善榜"将机构捐赠金额划分为五档，从低到高分别为"一星"到"五星"，对应的捐赠金额分别为"10万（含）～50万元""50万（含）～100万元""100万（含）～500万元""500万（含）～1000万元""1000万元（含）以上"。从数据来看，一星机构数量最多，共计376家，占总数的70.1%，捐赠总额为6507万元，占比仅为4.7%；五星机构有20家，占总数的3.7%，捐赠总金额为10.69亿元，贡献了76.5%的捐赠额。由此可见，2021年度，广州的慈善捐赠金额主要来源于五星机构的大额捐赠。

3. 机构捐赠以企业为主，捐赠额占比超九成

2021年度上榜机构包括企业、公益慈善类社会组织和其他机构（包括机关事业单位、商协会和宗教团体等）三大类。其中，企业捐赠最多，累计捐赠12.9亿元，占机构捐赠总额的92.3%；其次是公益慈善类社会组织，累计捐赠1亿元，占比达到7.2%；其他类型的机构捐赠金额占比较少，合计贡献约0.1亿元。

4. 大额捐赠以企业为主，房地产企业贡献最大

五星单位由"企业"和"公益慈善类社会组织"两类机构构成，其中企业捐赠金额占比达94.8%。而在上榜的五星企业中，房地产企业是捐赠主力，捐赠额占比接近七成，批发零售业和制造业企业的贡献也较高，贡献度将近10%。

5. 超160家机构多次上榜，数量占比超过三成

2021年度，有536家机构登上"广州慈善单位捐赠榜"，其中有167家机构在过去六年间上榜两次或两次以上，数量占比达到31.2%。其中有16家机构连续六年入选，捐赠额占全年机构捐赠总额的52.4%（见图1）。

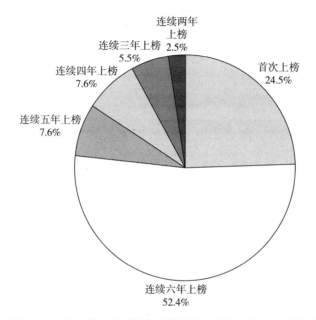

图 1　2021 年度"广州慈善单位捐赠榜"连续上榜机构捐赠额占比

（三）"广州慈善榜"个人慈善捐赠情况

1. 个人捐赠总额大幅提升，主要得益于捐赠上榜人数的增加

与过去五年相比，2021 年度"广州慈善达人捐赠榜"不管是上榜人数还是捐赠总额都有大幅增长。其中，上榜人数达到 6791 人，是 2020 年度上榜人数的 23 倍；捐赠总额约 4.25 亿元，是上一年度个人捐赠总额的近 10 倍；人均捐赠额为 6.3 万元。另外，最大一笔个人捐赠金额为 8137.4 万元，约占个人捐赠总额的 19.2%，为"捐款不留名"的爱心人士捐赠（见表 3）。①

2. 个人捐赠总额接近上一年度的10倍，主要来源于20万元以下的捐赠

与上一年度相比，2021 年度个人捐赠总额增长主要来源于一星

---

① 2021 年主办方特别收录了"捐款不留名"的爱心人士的捐赠记录。

表3 2021年度"广州慈善榜"个人捐赠情况

上榜人数（人）	捐赠总额（亿元）	捐赠平均值（万元）	捐赠中位值（万元）	捐赠最大值（万元）	捐赠最小值（万元）
6791	4.25	6.3	4.2	8137.4	1.0

达人和二星达人①，两者捐赠总额超过 3.2 亿元，约占全年个人捐赠总额的 75.9%。而首次收录的"捐款不留名"爱心人士捐款 8137.4 万元（归类于五星捐赠），约占全年个人捐赠总额的 19.2%（见图 2）。

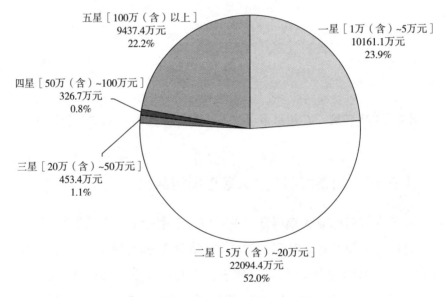

图2 2021年度各类慈善捐赠达人捐赠额占比

3. 个人捐赠总额主要来源于首次上榜的捐赠人，贡献度达97.0%

2021 年度 6791 人登上了"广州慈善达人捐赠榜"。其中，仅有 60 人在过去六年间连续上榜两次或两次以上，人数占比不到 1.0%，累计捐

① "一星达人"：捐赠额为 1 万（含）～5 万元；"二星达人"：捐赠额为 5 万（含）～20 万元。

赠金额近1300万元,占全年个人捐赠总额的3.0%。从数据来看,2021年个人捐赠主要来自首次上榜的人群(含"捐款不留名"的爱心士人)。

二 2021年度广州慈善捐赠流向分析

(一)2021年度广州慈善捐赠流向机构

1. 社会组织捐赠收入最高超6亿元,中位数是139万元

根据"广州社会组织捐赠收入榜"①,2021年度有65家社会组织上榜,累计获得捐赠收入约12.2亿元,平均值是1876.9万元,中位数是139万元(见表4)。其中,捐赠收入最高的是"广州市慈善会",全年度获赠约6.4亿元。

表4 2021年度"广州社会组织捐赠收入榜"情况

上榜机构 (家)	捐赠收入 总额 (亿元)	捐赠收入 平均值 (万元)	捐赠收入 中位值 (万元)	捐赠收入 最大值 (万元)	捐赠收入 最小值 (万元)
65	12.2	1876.9	139.0	64397.8	10.0

2. 五星社会组织捐赠收入占比接近97.0%

"广州社会组织捐赠收入榜"上榜社会组织中,一星社会组织上榜数量最多,达到26家,但捐赠收入总额仅为806.1万元,占比不到1.0%。五星社会组织22家,累计获得近11.8亿元的捐赠收入,占社会组织捐赠收入总额的比例接近97.0%(见图3和图4)。②

---

① "广州社会组织捐赠收入榜"为2021年度新增榜单,主要收录当年度捐赠收入10万元(含)以上的社会组织。

② "一星社会组织":捐赠收入10万(含)~100万元;"五星社会组织":捐赠收入400万元(含)以上。

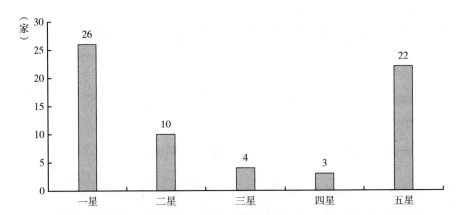

图3　2021年度"广州社会组织捐赠收入榜"星级组织数量分布

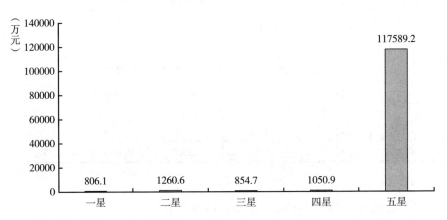

图4　2021年度"广州社会组织捐赠收入榜"星级组织捐赠收入情况

3. 慈善会系统捐赠收入超9亿元，占比约为76.0%

"广州社会组织捐赠收入榜"上榜社会组织主要分为"社会团体""基金会""社会服务机构（民办非企业单位）"三大类。社会团体上榜25家，累计捐赠收入约9.5亿元，其中市、区各级慈善会12家，累计捐赠收入约9.2亿元。慈善会系统捐赠收入约占年度捐赠收入总额的76.0%。基金会上榜29家，累计捐赠收入约

2.5 亿元，占比 20.6%。社会服务机构（民办非企业单位）仅获得
1360.7 万元，占比 1.1%（见图 5）。

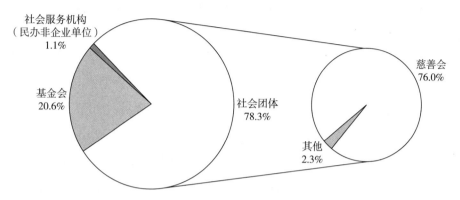

图 5　2021 年度"广州社会组织捐赠收入榜"捐赠收入比例分布情况

注：因四舍五入，各项比例略有出入。

根据 2021 年度"广州社会组织捐赠收入榜"数据，排前十名的
组织主要由慈善会和基金会构成（见表 5）。

表 5　2021 年度"广州社会组织捐赠收入榜"前十名

序号	接收方名称	接收捐赠金额(万元)
1	广州市慈善会	64397.8
2	广州市海珠区慈善会	8893.5
3	广东省钟南山医学基金会	8909.7
4	广州市黄埔区慈善会	6321.9
5	广州市番禺区慈善会	5267.3
6	广东省时代公益基金会	5223.0
7	广州市从化区慈善会	3499.7
8	广东省中山大学教育发展基金会	1735.0
9	广东公益恤孤助学促进会	1505.7
10	广东省岭南教育慈善基金会	1318.4

（二）2021年度广州慈善资金流向领域①

1. 全年慈善支出超18亿元，约75.0%的慈善资金流向教育、乡村振兴和抗疫三大领域

根据"广州慈善捐赠榜资金去向用途"数据，2021年度累计慈善支出18.63亿元。从捐赠用途来看，教育一直是公益慈善的热门领域，备受关注，历来是慈善资金最主要的流向领域，2021年度流向教育领域的资金最多，超过6.6亿元，约占全年慈善支出的35.4%；其次是乡村振兴和抗疫两大领域，资金额分别达到5.4亿元和1.9亿元。可见，近年来受到国家政策的鼓励，支持乡村振兴的公益慈善项目越来越多，吸引了更多的慈善资源。而受到新冠肺炎疫情的影响，流向抗疫领域的慈善资金也较多，排名第三。

2. 个人偏向支持教育事业，机构热衷参与乡村振兴

细分个人和机构的捐赠用途可以看到，个人捐赠资金的主要用途是教育、医疗健康和人群服务，其中流向教育领域的资金最多，资金额近4亿元，约占个人捐赠总额的92.9%。其次是医疗健康和人群服务，分别是1033.9万元和890.9万元。相比之下，机构更倾向于把捐款用于乡村振兴领域，资金额近5.4亿元，约占机构捐赠总额的38.0%。其次是教育和抗疫领域，资金额分别达到2.7亿元和1.9亿元。

3. 个人捐赠资金基本留在市内，机构捐赠资金超四成流向市外

从地域来看，广州的慈善捐赠资金主要用在广州市内，资金规模达到12.33亿元，占全年慈善支出的66.2%。细分个人和机构的捐赠资金流向可以看到，个人捐赠资金主要用于广州市内，资金额超过4亿元，是省内市外和省外资金总和的24倍；机构捐赠资金同样主要

---

① 2021年度，"广州慈善榜"在原有榜单的基础上，收录捐赠资金的去向用途，其中关于机构捐赠资金去向用途的数据4410条，关于个人捐赠资金去向用途的数据124788条。

用于广州市内，用于市内、省内市外和省外的三部分资金分别占机构捐赠资金总额的57.2%、24.9%和17.9%（见图6）。

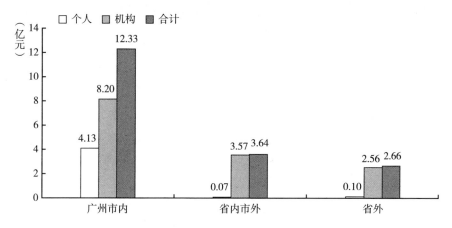

图6 2021年度广州慈善捐赠使用地域

三 广州慈善捐赠特点及发展趋势

（一）广州慈善捐赠的主要特点

1. 以满足广州市本地慈善事业发展需求为主，辐射省内外区域

2021年度，广州捐赠金额用于广州市内、广东省内市外、广东省外的比例分别为66.2%、19.5%、14.3%。可见，广州慈善捐赠在满足本地需求之外，也秉持开放态度，积极支援市外和省外其他地区公益慈善事业的发展。

2. 捐赠收入主要依托企业的大额捐赠

根据历年排名前十位的企业捐赠额占当年捐赠总金额比例，可以发现，广州慈善捐赠收入主要来源于几家头部企业的捐赠，其贡献度在50%左右。具体来看，2018年贡献度最低，为45.8%；2019年贡献度最高，为62.2%。2021年贡献度为49.4%。

3. 机构捐赠以企业为主，历年贡献度在九成左右

在"广州慈善榜"上榜单位中，企业是捐赠的主体，历年贡献度在90%左右。2016~2021年，企业累计捐赠45.5亿元，合计占比达到89.1%。其次是公益慈善类社会组织，累计捐赠4.7亿元，合计占比达到9.3%。仅少部分的捐赠资金来源于其他类型的单位。从历年企业捐赠金额占比来看，除个别年份外，整体上企业的贡献度呈上升趋势。2016年企业贡献度为87.4%，2019年增长至96.0%，2021年的贡献度也达到91.9%（见图7）。

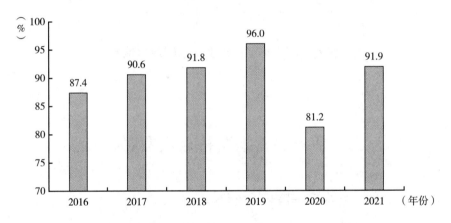

图7 2016~2021年企业捐赠金额占机构捐赠总额比例

（二）广州慈善捐赠整体发展趋势

1. 2018~2021年捐赠金额以超20%的速度增加

2016~2021年，"广州慈善榜"捐赠金额除2017年较上一年出现下降外，其余各年均实现较大幅度提升。特别是2018~2020年，捐赠金额增长率均超50.0%，并在2020年迈上10亿元台阶（见图8）。

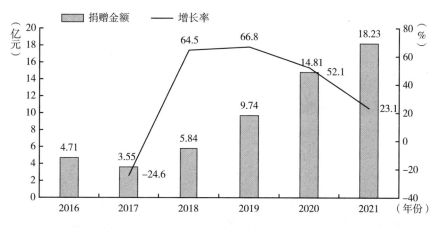

图8 2016~2021年"广州慈善榜"捐赠金额变化情况

2. 2016~2021年上榜机构数量总体上稳中有增,2020~2021年上榜个人数量增加明显

历年来,"广州慈善榜"入榜门槛保持一致,其中机构捐赠入榜门槛为10万元,个人捐赠入榜门槛为1万元。观察历年上榜数据,发现2016~2021年上榜机构数量总体上稳中有增,由2016年的321家增加至2021年的536家;上榜的个人数量2020~2021年呈现明显增加趋势(见图9)。

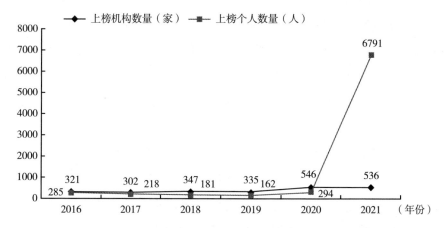

图9 2016~2021年"广州慈善榜"上榜机构和个人数量变化情况

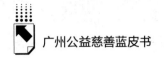

四 主要发现和发展建议

（一）主要发现

1.头部捐赠机构表现稳定，"中间阶层"有待扩容

广州 20 家年捐赠额在 1000 万元（含）以上的"大额捐赠单位"，所贡献的机构捐赠额比重达到了 76.5%，尽管较之 2020 年的 77.0%略微下降，但仍占相当高的比重。这说明广州形成了一个捐赠能力强且稳定的机构群体，尤其考虑到 2020 年发生新冠肺炎疫情，机构捐赠额事实上已经达到了一个高峰（2020 年的机构捐赠额在 2019 年的基础上增加了 54.3%），而 2021 年的机构捐赠依然保持了几乎是同一水准的贡献度，这一点非常难能可贵。

如果以捐赠额为主要的统计维度，头部的 20 家机构贡献了 76.5%的机构捐赠额，而余下的 96.3%的机构只有 23.5%的捐赠贡献度。捐赠金额 500 万（含）~1000 万元的四星机构断档严重，不仅捐赠额占比只有 4.6%，机构数量也少，只占 1.9%。因此，"中间阶层"还大有潜力可挖。

但若以捐赠机构星级为主要的统计维度，广州慈善捐赠呈金字塔结构。一星捐赠机构有 376 家，占总数的 70.1%。这表明广州公益慈善领域有着良好的捐赠文化，已形成捐赠习惯的机构很多，它们有潜力为公益慈善事业作出更多的贡献，也可能有更多的机构晋升为二星、三星或更高贡献度的捐赠机构。

2.广州捐赠格局逐渐成形，复捐率高并出现更多"新面孔"

慈善捐赠行为与当地的捐赠文化有密切关系。一般来说，地方捐赠文化不会轻易变动，所以捐赠格局一旦成形，也会在较长的时间内稳定下来。其中，复捐率是一个很重要的观察指标。复捐率高可充分说明捐赠人并非一时心血来潮,而是出于理性思考的长期响应。

2021年,"广州慈善单位捐赠榜"数据显示,复捐率超三成,复捐机构贡献了全年机构捐赠总额的76.0%。这一数据表明,广州有超过3/4的捐赠是长期的、稳定的。而在2016~2021年的六年里,复捐率在50%左右,捐赠额占全年机构捐赠总额的85.0%。虽然复捐率和捐赠额占比均有小幅的下降,但广州慈善单位的复捐率仍然处于一个较高的水平,说明广州已经形成一群稳固而持续的捐赠单位。从另一方面来看,复捐率的下降,也意味着有越来越多的"新面孔"出现在"广州慈善单位捐赠榜"上。

3. 慈善会系统是捐赠主渠道,在区域慈善生态建设中发挥着重要作用

慈善会的成立时间一般较早,并且具有官方背景和公募资格,在中国慈善组织体系中一直具有重要而独特的地位。就历年平均收支规模而言,慈善会远超其他类型的慈善组织。2021年广州慈善会系统的捐赠收入占比达到76.0%,是慈善捐赠的主要接收方。这也意味着,慈善会作用的发挥对区域慈善生态建设具有重要影响,应继续加强慈善会系统的改革创新,推动各级慈善会切实发挥区域枢纽型慈善组织的功能。

4. 品牌社会组织助推慈善事业高质量发展,广州大有潜力可挖

与历年"广州慈善单位捐赠榜"相比,2021年的榜单新增"广州社会组织捐赠收入榜"。65家上榜社会组织累计接收捐赠收入超过12亿元。除了慈善会系统捐赠收入占比76.0%外,基金会和社会服务机构(民办非企业单位)捐赠收入占比达到了21.7%。在上榜的广州社会组织中,有5家是广州市品牌社会组织,累计接收捐赠7.3亿元,占比达到六成。广州从2016年开始启动品牌社会组织培育工作,至今共命名6批次49家广州市品牌社会组织。而根据2021年"广州社会组织捐赠收入榜"的数据,品牌社会组织在广州慈善事业

发展中扮演着越来越重要的角色。

5. 教育是个人捐赠和机构捐赠的"最大公约数"

2021年，"教育""乡村振兴""抗疫"是慈善捐赠资金三大主要流动方向，其中"教育"和"乡村振兴"两大方向最为突出。在"教育""乡村振兴"两大方向的捐赠中，又呈现出个人捐赠偏爱教育领域，而机构捐赠偏重乡村振兴领域的特点。可以推断，乡村振兴中也会有相当大比例的捐赠资金投向乡村教育领域。总体而言，教育是一个备受广州捐赠人青睐的领域，成为广州个人捐赠、机构捐赠的"最大公约数"。

（二）发展建议

1. 加强头部机构捐赠网络维护，积极拓展捐赠"中间阶层"

党的十八大以来，中国特色社会主义进入了新的发展阶段，履行企业社会责任逐步被纳入全面深化改革大局。在国家"十四五"规划中，"社会责任"出现多次，明确提出"鼓励民营企业积极履行社会责任、参与社会公益和慈善事业"。通过梳理历年"广州慈善榜"的数据，可以看出，企业捐赠是广州慈善捐赠的主要来源，做好企业捐赠的维护和开拓，对广州慈善事业发展意义重大。广州机构捐赠呈现出头部机构贡献大、一星捐赠机构数量多、缺乏"中间机构"的特点。从长远来看，广州应该在做好头部机构捐赠维护的基础上，发展和开拓更多的"中间阶层"。慈善组织可了解并根据企业的意愿和需求，有针对性地设计项目，鼓励一星、二星捐赠机构晋升到贡献度更高的捐赠机构。此外，应面向汽车制造业、电子信息产业等支柱型产业，引导更多的企业参与公益慈善，履行社会责任。

2. 创新慈善参与方式，为捐赠者提供多元化的捐赠选择

中央财经委员会第十次会议提出，要在高质量发展中促进共同富裕，构建初次分配、再分配、三次分配协调配套的基础性制度，促进社会公平正义，促进人的全面发展。2021 年，广州超六成的慈善捐赠资金流向教育和乡村振兴领域，促进社会公平正义，助力共同富裕。未来，广州应该进一步完善募捐平台的建设，创新公益慈善的参与方式，借助新技术新渠道宣传公益慈善项目，为企业、公众提供更多元的捐赠选择，引导慈善捐赠资金流向资源相对匮乏的领域，更加有效地促进广州慈善事业的均衡发展。

3. 发挥慈善会的枢纽作用，促进粤港澳大湾区慈善力量合作发展

2019 年，《粤港澳大湾区发展规划纲要》发布，特别提到"要开展社会福利和慈善事业合作"。随着粤港澳大湾区建设加快推进，大湾区慈善事业的发展也迎来重要的新机遇。2021 年"广州慈善榜"数据显示，市、区慈善会是广州本土捐赠的主渠道。在粤港澳大湾区发展战略下，广州作为大湾区发展的核心引擎之一，以广州市慈善会等为代表的慈善组织，应该积极推动大湾区慈善交流合作，在慈善募捐、人才培养、信息建设、项目实施等领域展开交流合作，汇聚湾区慈善力量，助推慈善事业高质量发展。

4. 加强社会组织专业化建设，提升社会组织可持续发展能力

根据 2021 年"广州社会组织捐赠收入榜"，社会组织在接收慈善捐赠中呈现出蓬勃发展的态势，越来越多的捐赠人选择向社会组织捐资金、捐技术，依靠社会组织的类型多样、覆盖面广、服务多元等优势，在助力疫情防控、乡村振兴等工作中积极发挥作用。因此，应大力支持基金会及专业慈善服务机构的发展，健全完善有利于社会组织充分发展的体制机制，深入落实社会组织公益性捐赠税前扣除优惠政策，加快电子捐赠票据推广使用，进一步加强社会组织发展的制度激励，不断增强公募型慈善组织对其他社会组织的募捐支持功能，确保社会组织更好、更充分地发展。此外，还应加强对社会组织所接收捐赠资金的监管，不断提升社会组织的透明度和社会公信力。

B.5
广州市社区慈善研究报告

谢 琼*

摘　要： 社区慈善是慈善的一种重要形态，通过慈善的方式和机制，动员社会和社区资源解决社区居民和社区发展中存在的问题，以达到改善社区环境、提升民生福祉的目的。广州市社区慈善的发展经历了基础夯实阶段（2016年以前）、框架搭建阶段（2016~2019年），当前正处于高质量发展阶段。为了更好地促进广州社区慈善事业发展，本报告提出三点建议：突破社区限制，降低登记注册门槛；理顺政社关系，构建合作治理模式；完善支持网络，发展多元运作模式。

关键词： 社区慈善　社区社会组织　广州市

一　社区慈善：概念界定与政策意义

从现有的政策文件来看，社区慈善主要是基于或者以"社区"这一行政单位为对象所开展的慈善活动和互助共济活动。"社区慈善"的概念较早出现在2015年《民政部关于指导村（居）民委员会协助做好社会救助工作的意见》中。其在"协助做好社会力量参与

---

* 谢琼，北京师范大学民生保障研究中心主任、教授。

社会救助有关工作"部分提出"大力发展社区慈善"。之后，2016 年颁布的《中华人民共和国慈善法》规定社区组织或单位可在辐射范围内开展互帮互助的活动。相应地，许多地方政府也陆续发布相应政策，多维度支持社区组织和社区慈善的发展和壮大。如《广州市慈善促进条例》第二十六条、第二十七条鼓励开展社区慈善活动；《上海市慈善条例》设立"社区慈善"专章，其中第三十七条规定"本市建立社区与社会组织、社会工作者、社区志愿者、社会慈善资源的联动机制，通过发展慈善超市、社区基金，培育社区慈善类社会组织，开展群众性互助互济活动等形式，推动社区慈善发展"。① 上海将慈善超市、社区基金会和社区慈善类社会组织作为社区慈善的主要载体，也将互助互济与慈善活动一起作为社区慈善的主要内容。《湖北省慈善条例》则提出要鼓励完善城乡基层社会捐赠体系等。

社区基金会是与社区慈善最为接近的慈善样态。从 2014 年开始，社区基金会得到了地方政府的积极扶持。其中，深圳是最先发布社区慈善相关政策的地方政府，于 2014 年发布《深圳市社区基金会培育发展工作暂行办法》。虽然社区基金会一直未有统一的解释，但是通常而言，"本地资源+本地利益相关者+本地解决方案"是其核心要素和运行逻辑。相比现有政策文件中的社区慈善定义，社区基金会概念中的"社区"并不局限于现有基层管理单位中的社区。在实践中，社区既可以是街道也可以是区县，乃至于深圳市级层面的慈善会也把自身定位为社区基金会。

慈善事业大发展需要用新发展理念引领，新时代的慈善事业发展可以社区慈善为重点，实行款物募集与服务供给并重。一方面，在我

---

① 《上海市慈善条例》，上海慈善网，2021 年 10 月 3 日，https：//www.scf.org.cn/csjjh/n3421/n3895/n3899/u1ai277458.html。

国慈善事业发展进程中，发展社区慈善不仅符合中华传统文化的取向，也是完善社会治理、促进社区团结的需要。另一方面，慈善组织在募集善款善物的同时，应当快速发展服务型慈善组织，持续扩大慈善组织参与基本公共服务体系建设的范围与规模。如果社区慈善能够遍地开花，慈善服务对象能够扩展到广大人民群众特别是老、幼、妇、残等特定群体，我国的慈善事业就具有了坚实的基础和广阔的发展空间。①

综合来看，本报告认为，社区慈善是慈善的一种重要形态，通过慈善的方式和机制，动员社会和社区资源解决社区居民和社区发展中存在的问题，以达到改善社区环境、提升民生福祉的目的。在组织形式上，社区慈善可以依托具体的社区慈善组织开展服务，也可以依托某个慈善平台或组织，通过扎根于社区的社会服务机构开展服务。② 同时，从慈善发展的专业性来看，社区慈善的"社区"既可以是基层管理单位中的社区，也可以是区县等行政范围内的社区。

二 广州市社区慈善发展情况

（一）社区慈善的发展轨迹

广州市支持社区慈善的政策轨迹清晰显示了社区慈善的发展过程，大致可以分为三个阶段：基础夯实阶段（2016 年以前）、框架搭建阶段（2016~2019 年）、高质量发展阶段（2020 年以后）。

---

① 郑功成：《让慈善成为共享发展的长久稳定机制》，《中国社会报》2021 年 2 月 26 日，https://www.thepaper.cn/newsDetail_ forward_ 11476683。
② 谢琼：《精准激发各类慈善主体活力》，《慈善公益报》2021 年 9 月 25 日，https：//www.csgyb.com.cn/comment/guandian/20210925/30928.html。

1. 基础夯实阶段：2016年以前

基础夯实阶段的政策主要体现在鼓励慈善募捐与组织建设上。第一，为进一步促进社会捐赠，规范社区慈善组织的募捐行为，有效保护受益人、捐赠人和募捐机构的合法权益，促进慈善事业良序发展，广州市于2012年颁布《广州市募捐条例》（现已失效），该条例对募捐组织、募捐活动、捐赠人以及募捐财产都作了具体规定。第二，广州市大力支持社会工作，2011年出台《关于加快街道家庭综合服务中心建设的实施办法》，2012年后广州市全面铺开家庭综合服务中心的建设，要求在每条街道至少建成一个家庭综合服务中心。广州市还发布了《关于进一步做好家庭综合服务中心建设工作若干问题的通知》，文件明确表明，广州全市将采取政府购买服务的方式，推动全市各层面社会工作服务建设。截至2016年9月，广州全市共计有17.7亿元的财政资金投入到建设中，总共建设了188个家庭综合服务中心，培养了4353名社会工作员、368名社会工作管理人才、287名社会工作督导人才，增设社工岗位约2500个。[1] 广州依托有力的政策带动，在推动慈善募捐发展、家庭综合服务中心的建设上成效明显，为社区慈善发展奠定了基础。

2. 框架搭建阶段：2016~2019年

2016年，《中华人民共和国慈善法》颁布后，广州首次提出以"人人慈善为人人"为理念，开展"羊城慈善为民"系列行动[2]，并在9月出台《关于促进慈善事业健康发展的实施意见》，强调以促进措施为抓手，支持社区互助型、服务型慈善组织发展；引导成立社区

---

[1] 张跃国、尹涛：《广州社会发展报告（2018）》，社会科学文献出版社，2018，第135~139页。

[2] 《人人慈善为人人——广州市慈善会"羊城慈善为民"行动》，《慈善公益报》2020年12月17日，https://baijiahao.baidu.com/s？id=16862911763837994328wfr=spider&for=pc。

慈善基金（会）；鼓励城乡社区居（村）委会、物业管理公司、业主委员会和企业社区组织建立慈善互助会或设立互助基金，推动社区慈善发展；以社区公共广场为重点，带动慈善街道、慈善社区等慈善实体建设。倡导在城乡社区开展群众性互助互济活动，引导捐赠闲置物品，充分发挥家庭、个人在慈善活动中的积极作用；把慈善事业发展列入文明和谐社区评比的指标体系；推动慈善文化进社区等。[①]

2017年，在广州市政府工作报告中，明确提出"深化'羊城慈善为民'行动"，创建全国"慈善之城"，并紧接着出台《深化"羊城慈善为民"行动创建全国"慈善之城"2017—2020年行动方案》。2018年，广州市发布了《关于鼓励支持企业积极参与广州市创建慈善之城的意见》，积极吸引企业参与慈善社区、慈善广场、慈善公园、慈善超市等慈善实体创建。[②] 进一步，出台《广州市激发社会组织创新能力实施办法》，强调重点孵化一批有社区治理创新能力的社区社会组织。同年出台《广州市社工服务站（家庭综合服务中心）管理办法》，提高社工服务站（家庭综合服务中心）[③] 购买服务经费，由200万元提高至240万元。[④] 这些举措均从不同层面增强了社会工作服务的财政资金保障。

2019年，广州市民政局发布《广州市实施"社工+慈善"战略工作方案》，强调建设社区联合劝募平台、加强专业人才培养、推动

① 《关于促进慈善事业健康发展的实施意见》，广州市人民政府门户网站，2016年9月20日，http：//yxwhg. yuexiu. gov. cn/yxxxw/yxxw/special/zdly/data/mzxx/20161112120150. pdf。

② 《广州市出台鼓励支持企业参与创建慈善之城意见》，网易广东，2018年2月22日，https：//3g. 163. com/local/article/DB91QFCU04178D6J. html。

③ 社工服务站（家庭综合服务中心）：指在各镇及街道设置的、以服务困境群体为主、以家庭为本、以社区为基础的专业社会工作服务平台。

④ 《广州市人民政府办公厅关于印发广州市社工服务站（家庭综合服务中心）管理办法的通知》，广州市人民政府门户网站，2018年6月21日，https：//www. gz. gov. cn/gfxwj/szfgfxwj/gzsrmzfbgt/content/post_ 5444857. html。

社区志愿服务、设立社区慈善捐赠站点、实施"社区公益微创投"活动、健全社区"社工+慈善"制度体系、发展社区慈善基金（会）、打造"社工+慈善"品牌服务项目、完善评估和激励机制这九大任务均与发展社区慈善有关联。同年，广州市慈善会联合广州市善城社区公益基金会，发布《广州市慈善会社区慈善捐赠站点合作服务指引（试行）》和《广州市慈善会社区慈善基金合作服务指引（试行）》两份指引。2019 年 7 月，广州市精神文明建设委员会印发了《关于进一步加强广州志愿服务建设的实施方案》，方案一方面明确市民政局负责全市志愿服务行政管理工作，统筹社区志愿服务工作的整体推进，另一方面界定志愿服务工作部门职责，双方共同推进广州市志愿服务建设工作的开展。2019 年 8 月，广州公益"时间银行"App 和微信小程序正式推出，并在全市推广使用。广州公益"时间银行"立足全市社工服务站，发动社区居民积极参与和常态化开展社区志愿服务，通过志愿服务时间积分存储、兑换、捐赠等方式，助力养老服务、公益慈善等工作，探索形成"慈善+社工+志愿"发展模式。

3. 高质量发展阶段：2020 年以后

2020 年 8 月，广州市人民政府印发《广州市推动慈善事业高质量发展行动方案》，鼓励城乡社区居（村）委会、业主委员会、物业管理公司共同设立社区慈善基金或慈善互助会等，推动社区慈善发展；推动社区慈善捐赠站点广泛覆盖，方便群众开展经常性捐赠；推广广州公益"时间银行"和"志愿在康园"计划，促进社区志愿服务常态化、规范化和便捷化。

2021 年初，《广州市创建"慈善之城"2021 年工作要点》提出 24 项工作举措，将继续在社区慈善上发力，深入推动"慈善+社工+志愿"融合发展，深化微慈善系列项目，提升社区慈善基金运营能力。2021 年 3 月，广州市社会组织管理局印发《广州市社区社会组织管理办法（试行）》，鼓励有条件的区、镇（街）设立社区慈善基金，或是社区社会组织发展资金，作为社区社会组织开展慈善工作的资金来源。2021年9月1日，《广州市慈善促进条例》正式实施。该条例第二十六条提倡街道办事处和镇人民政府积极发挥各类公共服务平台的作用，为社区各类慈善活动提供场地、资金和其他服务。鼓励政府部门、志愿服务组织、社会工作服务机构以及具有公开募捐资格的慈善组织等单位合作互助，开展社区慈善活动，调动社区居民参与互助互济活动。

（二）社区慈善主体的整合

社区慈善的募捐、捐赠和服务的落地都需要载体、平台、阵地，广州市整合社区慈善主体，畅通慈善活动各环节。一是依托已发展成熟的社工服务站挂牌慈善捐赠站点，负责发起社区慈善捐赠；协同社工服务站与具备公开募捐资格的组织开展慈善募集活动。二是利用"广益联募"等互联网公开募捐信息平台发布招募信息，拓宽慈善资源渠道，将募集的资源存入社区慈善基金用于辖区内开展各项社区公益服务。广州公益"时间银行"志愿服务站点同样挂靠在社工服务站并通过"时间银行"线上平台记录积累志愿时长、兑换时间积分。

第一，广州市社工服务站的全覆盖为社区慈善的发展提供了良好载体和基础。据《广州市社工服务站（家庭综合服务中心）管理办法》，社工服务站应以各镇及街道为单元，结合实际开展补救性、支持性、预防性、发展性服务。自出台《广州市社会工作服务条例》以来，广州全市共设有203个社工服务站。其中，镇（街）社工服务站183个，村（居）民委员会社工服务站20个，实现了全市镇（街）社工服务站全覆盖，每个站点配备20名社工，每年承接240万元政府购买服务项目。

第二，鼓励和支持镇（街）、村（居）民委员会社工服务站承接机构、爱心企业（个人）、居民代表等发起成立社区慈善基金，可选择在市慈善会或区慈善会设立，启动资金及获支持的资金额度由市、区慈善会结合各自实际确定。社区慈善基金可依托线上和线下渠道公开募集资金，以支持社区公益服务开展。

第三，广州市依托现有社工服务站，将公募权下放至社区，挂牌203个镇（街）社区慈善捐赠站点，设置广州公益"时间银行"志愿服务站，并在"广益联募"平台设置专栏，发挥互联网渠道优势，支持慈善捐赠站点和社区慈善基金的资金筹集工作。

第四，推广广州公益"时间银行"，打造包含"征集信息发布，志愿时长统计，志愿服务积分累计，服务积分使用"等多功能的社区志愿服务信息平台。广州市南沙区"时间银行"还被民政部列为"全国社区治理和服务创新实验区"典型案例。

第五，打造慈善空间。广州市民政局印发的通知要求每个区在2021年底前新设立慈善空间不少于20个，升级改造现有234个慈善标志、203个社区慈善捐赠站点。①

（三）社区慈善项目的开展

依托社区慈善基金（会）的资金，为民政重点关注领域提供资金支持。一是发起慈善项目。2019年10月，广州市慈善会发起了"微心愿·善暖万家"项目，调动各领域组织和社区慈善捐赠站等，以入户探访、电访等方式，挖掘困难家庭的诉求。同时，联动各领域公益组织，共同发起募捐，帮扶低收入人群及"孤寡残"等特殊群体，每年帮助一万户贫困家庭实现"微心愿"，彰显善城广州的温

---

① 《〈广州市慈善促进条例〉颁布实施 对慈善事业发展作出贡献者可优先获得救助》，中华人民共和国民政部网站，2021年9月8日，http：//www.mca.gov.cn/article/xw/mtbd/202109/20210900036497.shtml。

度。截至 2021 年 1 月，共为 10156 个困难家庭实现"微心愿"，受惠约 27009 人次。二是实施慈善救助项目。广州市民政局印发《关于做好特殊困难群体兜底保障慈善救助服务工作的通知》，巩固提升"慈善+社工+志愿"发展模式，为特殊困难群体提供持续、便捷、高效的慈善救助服务。

三 广州社区慈善发展的经验

（一）经济基础扎实，慈善参与氛围浓厚

广州具备优越的经济基础和慈善环境。根据"城市爱心GDP"——"中国城市公益慈善指数"，广州获取 89.12 的得分，位列全国第二，广东省第一。这一成绩的获得首先是由于广州民间慈善文化根基深厚，并且随着社会经济的发展，市民对慈善事业的参与热情不断提高。其次，广州营造了良好的社会氛围。自 2016 年以来，广州市委、市政府以"慈善+"的理念，开展以"羊城慈善为民"为主题的系列活动，在全市掀起慈善热潮，"慈善共享、人人参与"理念也在这一过程中逐步深入人心。最后，广州良好的经济发展条件，为慈善事业发展提供了坚实的物质基础。

（二）充分发挥社工领域的发展优势

广州是全国社会工作服务试点的先行地区之一，具备完善的政策体系、持续的财政支持、稳定的专业机构和专业人员。一是全市社会工作服务的法规制度基本健全完善，法治化、规范化建设水平迈上新台阶。二是财政投入稳步增长，特别是 2018 年颁布的《广州市社工服务站（家庭综合服务中心）管理办法》，规定社工服务站的购买服务经费由原来的 200 万元提高到 240 万元，极大地增强了社会工作服

务的财政资金保障。三是社工服务站基本实现了全市镇（街）全覆盖，统筹城乡协同发展的社会工作服务新格局初步形成。四是社工机构规范发展，人才队伍持续发展壮大。"十三五"期间，广州社工累计服务群众约 2000 万人次，年均服务群众 400 万人次，年均服务特殊困难群体约 7 万人，服务近 90 万人次，基本实现全市特殊困难群体社工服务全覆盖。

以社工服务站为依托开展社区慈善具备如下优势。首先，有相对稳定的机构和专业人员。其次，社工服务站以社工机构为依托，具备解决社区问题的能力和动力。面对社区困难群体的需求，社工服务站一方面面临着大量的购买服务以外的需求，另一方面社工的专业能力也要求其通过链接社会资源来解决困难群体的需求。并且社工机构通常稳定运营一个社工服务站数年，与当地基层政府和群众建立了稳定的关系，具备充分的社会资本，从而能够有效地开展慈善活动。最后，将社区慈善纳入社工服务站的考核机制促进了社区慈善的创新和发展。

（三）政策引领与体系支撑

广州社区慈善发展充分依托前期社会工作的优势和全覆盖的社工服务站网络，以社工服务站作为抓手联动志愿服务来推进社区慈善发展。除了依托社工服务站外，广州社区慈善的突出优势还在于其拥有非常完善的社区慈善支持体系。该支持体系以广州市慈善服务中心这一正处级事业单位为核心协调统筹主体，以市、区慈善会，广州市社会工作协会和广州市志愿者协会三大枢纽型组织为资源和技术支撑，为社区慈善发展提供公募平台、资金支持、技术支持和志愿者动员服务等。同时，为推动社区慈善发展，成立了广州市善城社区公益基金会和广州市广益联合募捐发展中心作为技术指导单位。可以说，广州社区慈善发展的成绩既来源于政府的高度重视，也依托于其完备的慈

善事业发展支持体系和全链条的发展模式。

总体而言，广州社区慈善的发展基础在于其经济基础和社会氛围，核心在于建立了基于自身优势的完善的社区慈善发展体制机制，关键在于有完整的支持体系。三者共同作用，形成了广州社区慈善的发展模式。

四　广州社区慈善发展的挑战与建议

（一）广州社区慈善发展中的挑战

1.广州社区慈善发展仍然主要依托行政推动

广州社区慈善的发展固然有经济和社会环境的因素，但行政部门也发挥着关键作用。广州市慈善服务中心这一正处级事业单位的设置是广州社区慈善发展的一个关键因素。目前广州从化区复制了市慈善中心的设置，希望能够推动从化区社区慈善的发展。然而，就全国整体趋势而言，简政放权和缩减事业单位编制是主流趋势。因此，其他地区能否新设立类似机构并且给予相应的编制存在很大不确定性。广州除了慈善服务中心这一事业单位外，财政对广州市社会工作协会和广州市志愿者协会的投入也相对较多。目前广州市社会工作协会和广州市志愿者协会的运营资金主要来自政府购买服务等投入。整体而言，广州慈善发展独有的"事业单位+枢纽组织+专业机构"的完善支撑体系，在别的地区可能并不具备建立的主客观条件。因此，其他地区可能需要探索其自身的模式。

2.基于社区组织和人员的社区慈善专业性欠缺

广州社区慈善发展取得了一定的成绩，但是目前来看社区慈善的发展主要依托社区本身。广州市整体范围内依托社工服务站，广州番禺区作为社区慈善发展最为成熟的地区则主要依托镇（街）、社会组

织联合会和慈善会。但整体而言，社区慈善发展的主要问题一是社区
慈善基金的资金规模小。大多数社区慈善基金的收入只有几万元，不
能支撑其开展大中型项目。二是社区慈善基金的资金使用率低。社区
慈善基金是一个相对新鲜的事物，虽然发起成立了，但是发起人对于
如何使用、可以用到何处等都不是十分明确，因此造成资金使用率
低。三是社区慈善活动单一，聚焦于诸如救助、垃圾分类等项目，专
业服务类的活动较少。因此，社区慈善还处于初级发展阶段，应鼓励
大型的、专业性的组织沉入社区，发展专门做社区的社会组织，而不
应单纯聚焦于社区内的社会组织。

3. 社区慈善在农村的发展整体薄弱

目前，广州社区慈善主要在城市社区开展。与城市相比，农村社
区具有人口密度小、人力资本不足、服务成本高和专业性志愿者队伍
不充足的缺点，因此，农村在开展社区慈善方面存在诸多挑战。首
先，农村范围广、人口密度低，提供服务的成本相对较高。其次，除
了部分明星村庄，大部分农村地区存在资源筹集难的问题。以广州从
化区为例，由于社区慈善基金成立需要启动资金3万元，该区很多
村、社区自身财力有限又难以链接资源，加上慈善基金能否发挥作用
具有不确定性，人们对成立社区慈善基金的热情不高。并且，农村地
区的人力资本相对薄弱，志愿者只能依托本地社区。除了部分地区建
立了社工服务站，大部分地区的社工服务站还在建设中，社区慈善整
体发展缓慢。因此，农村社区慈善需要探索一条不同于城市的发展
道路。

（二）关于推动社区慈善发展的建议

1. 突破社区限制，降低登记注册门槛

现有广州社区慈善发展依托的载体是村（居）民委员会以及镇
（街）的社会组织联合会和慈善会等。除了依托社工服务站的社区慈

善相对具有一定的专业性外，大部分社区慈善主要参与者更接近于自组织的志愿者，专业性和可持续性等相对欠缺。因此，从组织的专业化建设出发应该推动降低社区慈善组织的登记注册门槛。2021年3月，广州市社会组织管理局印发《广州市社区社会组织管理办法（试行）》，提出了大量的支持社区社会组织发展的举措。该文件的特点是实行社区社会组织的分类管理，但并没有在实质意义上降低社区社会组织的登记门槛。未来对于慈善类社区组织应该进一步加大扶持力度。除此之外，现有的政策文件都将社区社会组织界定为在本社区开展社会服务工作的组织。这一界定实际上限制了社区社会组织的规模和专业性。因此，更为合理的社区社会组织的界定应该是以社区为服务对象，而不是以管理单位中的社区为活动区域、由社区发起。只有将社区慈善组织从管理单位中的社区解放出来，才能在真正意义上推动社区慈善事业的专业化和可持续发展。也只有在这一意义上，才能解决人才、专业性等问题。

理想的社区慈善应该是两种慈善形态的有效结合。一种以专业性社区慈善机构为依托，主要运用现代慈善组织的理念和运作模式，以社区为服务对象的社区慈善。另一种是以社区自我服务为切入点的具有自组织形态的社区慈善。只有两者相得益彰才能既提供专业服务，又构建社区生态，推动基层社会治理现代化。

2. 理顺政社关系，构建合作治理模式

作为扎根基层、最贴近受助对象的社区慈善的发展应既有秩序又有活力。首先，政府支持社区慈善的方式必须建立在对慈善事业科学认识的基础上，将慈善发展纳入城市总体规划及社区建设发展规划之中，根据经济社会发展需求及时制定社区慈善的总体目标。政府在社区慈善的发展规划、社区慈善项目、社区慈善资金和物资的筹措以及社区慈善组织的培育上都发挥着重要的作用。其次，应推动相关立法对社区慈善发展进行必要规范。但另一方面，政府对社区慈善的过度干预和管理，也会影响慈善组织、个体参与的积极性，立足社区的社区慈善发展更要求社区主体权责明晰。

3. 完善支持网络，发展多元运作模式

广州主要通过购买社工服务来提供社区慈善服务。未来在政府购买服务上，应该进一步梳理公共服务事项。对于村（居）基层组织提供的公共服务，适合由社区慈善组织来完成的，应该向社区慈善组织购买服务，同时发挥社区慈善组织的资源引入和链接作用。

除此之外，社区慈善还需要完善支持网络，发展更多元灵活的运作模式，发挥慈善文化在基层的形塑作用，最终实现人人乐善的高质量发展的愿景。首先，要实现社区慈善的长足发展必须完善其支持网络，具体包括宏观的政策支持与社会参与、中观的组织间支持和微观的组织内部人才与能力支持等支持网络。特别是人才队伍建设直接影响着社区慈善发展的成效，要招募和培训有社会交往能力、适应能力、公关能力、学习能力，有较高道德素质、心理素质、知识素质的人才，使其能够做好与居民良好沟通、资源筹集、项目活动策划、文书撰写、信息公开、慈善文化宣传等工作。其次，要发展更多元灵活的运作模式。社区慈善正处于成长初期，不同社区的慈善发展基础和环境都不相同，各地应结合制度环境、实际资源情况开展社区慈善工作。特别是要探索城乡发展的不同路径，乡村慈善要与乡村振兴战略相结合。最后，发挥慈善文化在基层的形塑作用。一方面要通过媒体宣传和传播来激发公众参与，另一方面要借鉴"时间银行"的做法，将社区慈善活动与居民其他活动相结合，通过正反馈机制和长时间的积累，逐步形成文化上的惯性。

B.6
共同富裕背景下广州企业志愿服务调研报告

王忠平　刘永莉　林海萍*

摘　要: 企业志愿服务是企业社会责任的重要组成部分,对实现共同富裕具有重要推动作用。广州在企业志愿服务方面大胆探索,持续发力,主要呈现四个方面的突出特征:在服务内容方面,企业志愿服务服务中心工作,覆盖领域广泛;在项目管理方面,企业自主创新与专业合作双轨并行;在制度建设方面,企业注重员工志愿者的培训激励;在服务成效方面,呈现发挥专长、深耕服务领域的局面。

关键词: 志愿服务　企业社会责任　广州市

　　2021年度"广州慈善榜"活动由广州市民政局、广州市慈善服务中心指导,广州市慈善会、广州市公益慈善联合会联合主办,首次将企业志愿服务纳入申报内容范畴,有利于全面分析企业参与公益慈善路径。本报告通过2021年度"广州慈善榜"活动,筛选其中92家

---

* 王忠平,北京林业大学副教授,和众泽益志愿服务与社会创新研究院创始人;刘永莉,和众泽益志愿服务与社会创新研究院副总裁;林海萍,和众泽益志愿服务与社会创新研究院项目总监。

捐赠单位数据[①]，并对部分捐赠单位进行访谈，分析广州企业志愿服务的价值、发展现状及特点、不足，并结合"十四五"志愿服务发展趋势及共同富裕目标，为广州企业志愿服务提出发展建议，进一步营造"人人慈善为人人"的良好氛围。

一　企业志愿服务助力共同富裕的价值与意义

作为重要市场主体，企业需要回应共同富裕时代命题，并参与创造慈善事业的新未来。参与社会志愿服务是企业践行社会责任、凸显公民责任的重要方式，也是企业发挥价值、实现共同富裕的补充路径。随着企业社会责任意识的增强，越来越多企业也认识到企业志愿服务会对经济、社会发展产生深远影响。无论对于社会问题的解决还是企业自身持续性发展，企业志愿服务在推动第三次分配、实现共同富裕方面有着举足轻重的作用。

（一）履行社会责任，助力社会治理创新

企业作为重要的市场经济主体，应积极响应国家号召，参与社会治理。其中，开展志愿服务，帮助解决社会问题，改善民生，便是企业履行社会责任的重要方式之一。同其他志愿服务相比，企业志愿服务可依托企业资源、员工专长、产品服务等开展技能型和专业型志愿服务[②]，组织性、专业性、效益性优势明显。企业可根据自身情况，

---

① 申报单位中包括了捐赠单位及善款接收单位，本次企业志愿服务调研以捐赠单位为调研对象。

② 志愿服务按照服务深度可分为基础型志愿服务、技能型志愿服务、专业型志愿服务。基础型志愿服务是指人人力所能及地帮助他人的短期服务，如植树；技能型志愿服务是指以一门熟练的技能帮助他人或公益组织解决技能性问题的服务，如翻译、义诊；专业型志愿服务是指用某一领域专业的知识和经验帮助公益组织开展独特的发展项目，如开发社区服务管理软件。

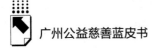

发挥资源调配的优势，推动社会脱贫、乡村振兴、污染防治、社会就业、资源紧缺和分配不均等问题的解决，通过资源的再分配为困难群众带来改善生活的机会。

（二）营造企业文化，助力全民共建共享

从员工层面看，企业志愿服务是一种爱心传递的行为，企业员工在把关怀带给社会的同时，也实现了个人价值的再提升，通过员工的志愿服务行为鼓励更多的同事及社会人士参与到服务社会的行列中，传递正能量，营造"人人志愿"的氛围。从企业层面看，志愿服务能够提升员工认同、营造企业文化、加速团队融合，促进企业内部团结。同时企业志愿服务具有文化中介的功能，可以向社区和社会展现企业的使命、愿景和价值观，以企业的专业性、技能、资源搭建社区参与社会经济发展的有效平台，助力实现共同富裕全民参与、全民共享。

（三）提升个人价值，助力精神文明发展

志愿服务是社会文明进步的重要标志，是个人满足基础需求后的更高层次追求。从服务主体看，员工通过企业志愿服务参与有意义的工作和活动，可提升对于社会问题的感知度，提升对公益慈善的认可度，提升员工的道德水平和公益精神。拉动市场主体企业参与志愿服务，一方面有利于社会主义核心价值体系建设的快速推进，另一方面也可以通过志愿服务渠道创新，增加志愿服务的广度和深度，以企业专业力量回应群众对美好生活的需求，助力推动物质与精神全面富裕。

二 广州企业志愿服务基本发展状况

据统计，2021年广州市累计志愿服务时长增长接近4000万小时，累计服务时长超过1.4亿小时。广州市累计志愿服务时长居广东

全省各城市首位。① 从参与企业的性质来看，民营企业、国有企业、外资企业、合资企业等各类企业均有参与。从参与企业的行业来看，开展志愿服务的企业涉及制造业、批发零售业、房地产业等十余个行业，行业分布广泛。整体而言，广州企业志愿服务呈现较高的参与度。

（一）在服务内容方面，服务中心工作，覆盖领域广泛

广州企业主动发起或参与的志愿服务领域较广，防疫抗疫、扶贫帮困、乡村振兴、敬老助残、青少年服务、文明实践等十余个领域均有涉及。与此同时，聚焦回应当下重点议题，防疫抗疫、扶贫帮困和乡村振兴成为企业参与度较高的三大领域。2021 年 5 月广州市突发本土新冠肺炎疫情，面临严峻疫情考验，广州企业慷慨捐助、奋勇参战，集结员工充实防控力量奋战在抗疫一线。如广州开发区控股集团有限公司在 6 月新冠肺炎疫情期间组织多个批次共 400 多人的志愿服务队伍，协助开展核酸检测工作，为黄埔疫情防控工作奉献一份志愿力量，在抗疫一线彰显企业责任和担当。此外，在扶贫帮困和乡村振兴领域，中国电信广州分公司始终秉承"为人民谋幸福"的初心，持之以恒开展志愿服务工作，如组织助困环保公益义卖活动，牵手广州偏远地区学校贫困学生，截至 2020 年，累计资助 5 批贫困学生完成学业。②

（二）在项目管理方面，呈现自主创新与专业合作双轨并行的特征

在广州，企业参与或自主开展的长期固定志愿服务项目主要包括两种模式：第一种是打造自主品牌，如广州农商银行太阳公益基金会

---

① "i 志愿"，https：//www.gdzyz.cn/index.do。
② 中国志愿服务联合会公众号，https：//mp.weixin.qq.com/s/C-IXCw6wfeSSqOq VrAowbA。

开展的"无声的爱"听障儿童关爱活动、"同在榕树下"敬老院探访活动，广州汽车集团股份有限公司的广汽青年志愿服务等；第二种是企业参与专业公益组织的品牌项目，如安婕妤化妆品科技股份有限公司长期参与越秀区天使心公益活动、唯品会（中国）有限公司参与蓝信封留守儿童关爱项目等。

（三）在制度建设方面，注重员工的培训激励

志愿服务制度化和规范化发展是健全志愿服务的重要保障与基础。当志愿服务发展到一定程度时，需建立和完善企业志愿服务制度、激励机制、培训引导制度等，保障志愿服务的专业化、精准化、常态化。当前企业在志愿服务制度建设层面以参与或开展志愿服务相关培训为主，其次是员工志愿服务激励表彰。部分企业的员工志愿服务制度建设较为完善，通过设置员工带薪志愿服务假和企业志愿服务日（周或月）、规定员工每年的志愿服务时长和将员工志愿服务纳入考评考核等一系列的制度建设，规范和鼓励员工参与志愿服务。如唯品会（中国）有限公司建立了完善的志愿者管理体系，为每名员工提供每年一天的带薪公益假期，鼓励员工参与社区发展的相关活动和各类公益实践。

（四）在服务成效方面，呈发挥专长、深耕服务领域的局面

企业对志愿服务领域的选择主要取决于社会需要、企业业务需要及员工意愿。部分企业的长期项目已形成了项目化的操作模式，并形成自有的项目品牌。如广州立白企业集团有限公司持续开展关爱困境儿童、支援偏远贫困地区等活动，以送温暖、送关怀的形式，为社区注入温暖力量。从 2012 年起，立白集团陆续在全国范围内开展"爱心助学行"活动，为广西、贵州、江西、云南等偏远地区的百余所小学的特困留守儿童改善教学和生活条件。此外，广汽本田汽车有限

公司从 2015 年"大手拉小手"交通安全亲子公益启蒙，到 2019 年"梦想童行"项目正式升级，在儿童道路交通安全领域持续深耕。2021 年，"梦想童行"项目已向湖北、四川、西藏、重庆、广西等全国更大范围的地区深入推进，助力实现"零事故"的美好社会。①

三 广州企业志愿服务存在的不足

（一）企业志愿服务顶层设计有待强化

2017 年，国务院颁布的《志愿服务条例》正式实施，填补了我国志愿服务领域在国家层面的立法空白。《志愿服务条例》全面规定了志愿服务的基本原则、管理体制、权益保障、促进措施，标志着中国特色志愿服务事业进入新阶段，进一步迈向法治化。综观全国，从国务院到各地，各级志愿服务条例尚未明确将企业志愿服务单独纳入重要范畴，这不利于企业志愿服务的健康有序发展。在政治、经济、文化、社会、生态等细分领域，广州对企业志愿服务的统筹规划也相对不足，亟须进一步加强。广州在此方面，具备率先突破的基础条件，应不断强化顶层设计，积极探索、大胆实践，为广州企业志愿服务的长远发展释放更多政策空间。

（二）企业志愿服务资源投入有待加强

调研数据显示，有组织开展志愿服务的企业仅占申报企业总数量的 27%，远低于参与捐赠的企业数量；从资金投入上看，企业在过去一年里志愿服务的投入资金较少，参与调研企业中有多达 73 家的

---

① 新华网，http://www.xinhuanet.com/auto/20211221/7c274d074fc74cc8a43ebaddaac33922/c.html。

投入资金为 0。在有投入志愿服务资金的企业里面，仅有 48% 的企业在过去一年里志愿服务的投入资金在 20 万元以上；申报单位在过去一年的志愿服务投入总金额为 2681 万元，而捐赠总金额为 7 亿元，是志愿服务总投入的 26 倍。因此，企业对经济、技术等资源的投入程度仍有待提升。

（三）企业志愿服务专业发展有待突破

企业志愿服务与其他志愿服务相比，具有专业性强、资源丰富、主动性强等特点，能够利用企业的专业资源助力社会问题解决，也可高度融合企业品牌及企业文化。从调研数据看，有自主志愿服务品牌项目的企业仅占 20%，大部分企业的志愿服务与其业务及专长融合度不高，专业优势未得到跨领域的发挥。企业应结合所长，发挥其在医疗诊治、IT、设备维护、商业咨询、法律服务等方面的专业优势，设计更多元的志愿服务项目，突破现有基础型志愿服务形式，为困难群众、公益组织等提供相应的专业服务，帮助其走出困境、融入社会，为其发展赋能，为共同富裕持续贡献企业的独特力量。

（四）企业志愿服务制度保障有待完善

调研数据显示，广州企业志愿服务的制度建设仍较为基础和零散，部分企业已经落实带薪志愿服务假或将志愿服务纳入员工考评考核，但是绝大多数企业仍未形成自上而下的志愿服务制度体系，未建立完善的志愿者管理、保障及激励制度。企业志愿服务未充分融入企业战略规划，与企业文化融合有待进一步加强。从广州市和众泽益志愿服务中心对全国企业志愿服务的调研结果可知①，对于企业在志愿

---

① 广州市和众泽益志愿服务中心于 2019 年以问卷调研的方式共回收 1337 份有效问卷，撰写并发布了《中国企业志愿服务发展报告（2019）》。

服务方面给予的支持，员工最期待的是"公司出台每年固定的志愿服务带薪假期"，其次是"为志愿者活动提供资金支持"，再次是"建立员工志愿者激励体系"（见图1）。完善的志愿服务制度保障对员工参与志愿服务有重要的推动作用。员工是企业志愿服务的主体力量，企业做好志愿服务制度保障有利于提高员工参与积极性，有助于激发员工个人在志愿服务中的创造性和能动性，塑造良好的企业文化。

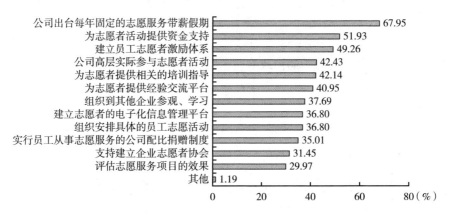

图1 员工期待企业在志愿服务方面给予的支持

资料来源：广州市和众泽益志愿服务中心《中国企业志愿服务发展报告（2019）》。

（五）企业志愿服务参与平台有待扩大

从调研数据看，部分企业通过与专业志愿服务组织合作参与志愿服务，但在访谈的过程中了解到大部分企业缺乏参与志愿服务的渠道，以政府牵头的志愿服务活动为主，如防疫抗疫志愿服务、文明创建志愿服务、扶贫助困志愿服务等。根据调研数据可知，"提供更多的志愿者活动供选择"是企业员工最期待政府在志愿服务方面给予的支持（见图2）。政府需搭建更多的志愿服务参与平台，为企业提供更多志愿服务参与渠道，进一步扩大企业员工参与度。

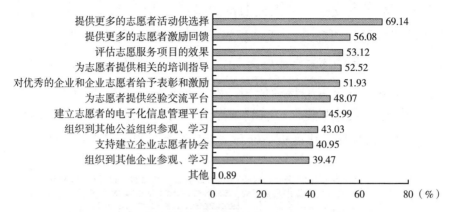

图2　员工期待政府在志愿服务方面给予的支持

资料来源：广州市和众泽益志愿服务中心《中国企业志愿服务发展报告（2019）》。

四　促进广州企业志愿服务创新发展的建议

志愿服务作为企业参与"慈善之城"和"志愿之城"创建的重要途径，作为企业参与第三次分配的重要方式，需进一步健全体系、扩大力量、展现作为，助力人民改善生活品质。

（一）强化顶层设计，扩大参与平台，进一步夯实政策支持体系

党和国家对慈善事业的重视程度前所未有，为企业参与第三次分配提供了广阔的舞台。面对当前广州企业志愿服务参与渠道不足等问题，广州应充分运用其优质的营商环境及丰富的企业资源，秉承广州敢为人先的创新精神，继续发挥志愿服务的领先优势。

为进一步推动企业志愿服务发展，可以从法治化、规范化和社会化层面采取措施。在法治化层面，应牢牢抓住修订《广州市志愿服

务条例》的契机，将企业志愿服务纳入条例规定，在顶层设计上，为企业志愿服务的资金投入、人员安排、活动开展、权益保障等提供法治保障。在规范化层面，应立足广州"十四五"规划，将企业志愿服务纳入营商环境建设、社会治理创新、精神文明创建等多个经济社会发展板块的制度设计，细化配套举措。引导企业充分认识志愿服务的重大价值与意义，践行志愿服务，搭建企业参与城市政治、经济、文化、社会、生态发展的多元平台。在社会化层面，应不断巩固提升发展规划，推动各级各部门责任网、社会组织网、志愿服务网、家庭成员网、联系帮扶网、科技支撑网"六张网"的互联互通，整合"羊城慈善月"等慈善品牌，打通企业参与慈善和志愿服务的社会网络，打造广州企业志愿服务的全员参与平台，切实扩大企业参与推动实现共同富裕的渠道。

（二）释放专业优势，充分整合资源，进一步服务中心工作

志愿服务是党和国家事业的重要组成部分，是全面建设社会主义现代化国家的重要力量，志愿服务已逐渐深入经济、政治、文化、社会、生态文明建设方方面面，企业志愿服务的开展需围绕中心、服务大局，积极践行社会主义核心价值观。以广州"十四五"规划为导向，企业志愿服务需围绕城市经济社会发展主要目标，助力广州实现老城市新活力，推动"四个出新出彩"取得决定性重大成就。

依托企业专业优势，充分整合企业、员工、社会三方面的资源，以社会问题的改善与解决作为志愿服务的最终目标，发挥员工的专长，发挥企业的专业优势，开展技能志愿服务和专业志愿服务，以专业化助力社会治理创新；依托企业创新优势，打造企业志愿服务项目品牌，实现服务的个性化、人性化和可持续化，回应服务对象多样化的服务需求；依托企业平台优势，打造联合多个合作方的服务项目，联合企业客户、供应商、所在社区等利益相关方共同参与志愿服务。

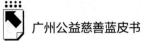

有效融合企业、员工、社会资源优势，以提升专业化为重点方向，进一步助力中心工作开展。

（三）完善制度保障，加大资源投入，进一步健全志愿体系

党的十八大以来，党中央高度重视志愿服务的体制机制建设，明确提出要健全志愿服务体系，志愿服务体系建设是志愿服务常态化、专业化的重要保障。调研显示，广州企业志愿服务存在轻制度建设的问题，多数企业并没有建立完善的志愿服务管理制度。此外，企业对于志愿服务的资金投入也相对较少，志愿服务开展较为零散。广州企业志愿服务在资源保障和制度保障方面仍有完善空间，需发掘企业志愿服务推动共同富裕的持久动力。

在资源保障方面，加大企业志愿服务资源投入；在资金层面，将企业志愿服务纳入企业社会责任战略的预算，建立志愿服务专项基金；在资源整合层面，整合企业及利益相关方的资源，扩大志愿服务的资源网络；在员工层面，加强对员工的服务保障和激励考核，激发员工参与热情；在制度保障层面，加强企业志愿服务管理制度建设，规范企业志愿服务行为，确保在开展志愿服务的过程中，严格按照《志愿服务条例》的相关规定，保障志愿者合法权益。同时应当通过搭建制度化、规范化的志愿服务管理体系，保障志愿服务活动的有序性、规范性和延续性。

（四）融合企业文化，彰显企业责任，进一步助推共同富裕

企业应将共同富裕融入企业社会责任战略，融入企业文化建设，彰显企业的责任与担当。在调研访谈中，我们了解到，企业志愿服务不仅能够营造企业文化，更是党建团建的一种有效方式。在开展志愿服务过程中，更明确的企业志愿服务理念能更好地激发员工的精神动力和创新活力，起到有效动员的积极作用。因此，只有将志愿精神融

入企业文化建设，将家国情怀融入企业使命愿景，才能在战略层面推动企业志愿服务持续开展。

在文化上，建议企业将助推共同富裕纳入企业践行使命、履行责任的核心内容，通过营造企业积极参与公益行动和志愿服务的正向氛围，引导员工、客户、供应商等利益相关方参与公益活动；在机制上，建议发挥企业党员的先锋作用，依托党员先进性，带头开展志愿服务，带动群众共同参与，以志愿服务为主要形式传播社会正能量，践行时代精神；在形式上，建议企业可通过设立带薪志愿服务假期、企业志愿服务日（周或月）或规定志愿服务时长等直观的可量化的志愿服务实践措施，将志愿服务作为企业与社区互动的重要形式，传播并推广企业志愿服务文化。

B.7
广州慈善专业人才队伍建设路径及模式研究报告

聂　铂*

摘　要： 慈善事业的可持续发展离不开高质量人才队伍建设。近年来，广州着力推动慈善专业人才培育，促进慈善教育和人才培养工作提质增效。广州慈善人才培养的主要路径包括：教研并重，以研促教；搭建多元人才发展立体支持体系；注重本土化知识生产；拓展跨区域人才培育合作模式；融合教育学手法理念和信息技术于慈善人才培育实践之中。本报告认为，促进互联网技术和现代教育理念与慈善人才培养的深度结合、关注社区慈善议题和志愿服务人才培育、推动高校与社会组织在慈善专业人才培养中的互动合作、拓展慈善人才职业化发展路径是慈善人才培养的着力点和发展方向。

关键词： 人才培养　人才队伍建设　慈善教育

2014年，《国务院关于促进慈善事业健康发展的指导意见》印发，提出完善慈善人才培养政策，加快培养慈善事业发展急需的理论

---

* 聂铂，南开大学周恩来政府管理学院博士生，主要研究方向为发展人类学、公益慈善教育。

研究、高级管理、项目实施等人才，加强从业人员职业教育培训。①
慈善人才培养和人才队伍建设之于慈善事业发展的价值及意义在顶层
设计中得到体现，并得到普遍重视和关注。国家以及各级地方政府制
定颁布的法律、法规、政策从不同维度多次强调人才培养的重要性，
并对人才培养工作进行规划和部署。

作为现代慈善起步较早、发展较快、创新探索较为活跃的城市之
一，在国家顶层设计的基础上，广州在近年来因地制宜地创设制度环
境、加大支持力度，把慈善人才培养置于重要位置。经过多年实践探
索，广州慈善人才培养初步呈现出多样性发展路径和地区特色。本报
告针对该实践样态展开讨论，采用大慈善的概念界定，旨在对过去两
年中，广州在慈善、社会工作以及志愿服务人才队伍建设方面的发展
模式及特点进行回顾，进而讨论广州慈善人才培养的发展空间。

一 广州慈善人才培养的制度环境

近年来广州市先后出台相关法规政策，强调慈善人才培养的重要
价值，并着力促进慈善人才培养工作统筹规划和落实。2016 年，广
州市人民政府发布《广州市人民政府关于促进慈善事业健康发展的
实施意见》，加强慈善队伍建设、建设慈善理论研究阵地被列为主要
任务加以推动。② 2018 年，广州联合全国 23 个城市的慈善会，首次
举办中国善城大会，并于大会上发布《创建慈善城市·广州行动》，
建立职业化、专业化的慈善人才队伍，建设合理的人力资源梯队是 6

---

① 《国务院关于促进慈善事业健康发展的指导意见》，中国政府网，2014 年 12 月
18 日，http://www.gov.cn/zhengce/content/2014-12/18/content_9306.htm。
② 《广州市人民政府关于促进慈善事业健康发展的实施意见》，广州市人民政府门
户网站，2016 年 9 月 20 日，https://www.gz.gov.cn/zfjgzy/gzsrmzfbgt/zfxxgkml/
bmwj/qtwj/content/post_4435840.html。

项行动之一。2019 年，广州市民政局印发《广州市实施"社工+慈善"战略工作方案》，在九大工作任务中专项提出加强专业人才培养，加大"社工+慈善"综合素质人才的培养力度，形成跨界合作的人才培养机制。同时对慈善人才培养工作作了明确分工，提出广州市慈善服务中心应加强专业人才培养、广州市善城社区公益基金会负责组织专业人才培训。① 2020 年 8 月，广州市人民政府印发《广州市推动慈善事业高质量发展行动方案》，提出加强政策法规建设与人才培养工作。

2021 年，广州市第十五届人民代表大会常务委员会批准通过《广州市慈善促进条例》，其中第十二条明确提出"民政部门应当会同人力资源和社会保障部门制定慈善人才培养和引进政策，建立慈善人才库，培养和引进慈善事业发展所需的理论研究、资金劝募、项目实施、专业服务和宣传推广等人才"。② 广州慈善人才队伍建设工作通过条例得到确立，进入地方慈善法制体系当中。2021 年 6 月，广州市社会组织管理局发布了《广州市社会组织发展"十四五"规划（2021—2025 年）》，提出将在规划期间推动社会组织人才开发纳入广州市人才发展规划。③

综上能够看出，近年来广州连续出台相关政策法规推动慈善人才培养工作开展，为慈善人才队伍建设提供了制度保障，规划作用明显，也激励了公益慈善组织加大对人才发展的投入力度。法制和激励

---

① 《广州市民政局关于印发〈广州市实施"社工+慈善"战略工作方案〉的通知》，广州市民政局网站，2019 年 5 月 5 日，http：//mzj. gz. gov. cn/zwgk/zfxxgkml/zfxxgkml/bmwj/qtwj/content/post_ 4460379. html。

② 《广州市慈善促进条例》，广州市民政局网站，2021 年 6 月 11 日，http：//mzj. gz. gov. cn/zwgk/zfxxgkml/zfxxgkml/bmwj/qtwj/content/post_ 7328494. html。

③ 《广州市社管局发布社会组织发展"十四五"规划（2021—2025 年）》，中国社会组织促进会网站，2021 年 6 月 17 日，https：//www. chinanpo. org. cn/index/index/show/id/4257. html。

环境的创设呈现几个特点：一是制定多项规划和具体行动方案促进人才队伍建设，一定程度上促进了整体目标和实际操作的结合；二是慈善人才培养和人才队伍建设工作经历了从政策到法规的过程，进入地方慈善法制体系，慈善人才培养的重要性以法律形式得到确认；三是因地制宜将具有本地特色和优势的社会工作、志愿服务与慈善相关人才培养统筹考虑，体现出地区公益慈善发展的整体视野；四是致力于推动慈善专业人才纳入经济社会发展整体框架，促进慈善人才工作的社会化、一体化发展。

当前广州的慈善人才培养实践初步形成了不同层次和特色的慈善人才培养体系。从宏观上看，既包括面向从业人员的专业培训，也包括针对高职院校学生的慈善职业教育。从微观上看，既有全人教育，也有从业人员综合能力提升项目，还有围绕细分领域和专项能力的培训。广州市的整体规划为慈善教育的多样态发展提供了空间，也为致力于慈善教育的组织深耕教育议题提供高质量教育产品提供了保障。此外，在一定程度上也避免了慈善教育资源的浪费和无效重复利用。

二 广州慈善专业人才队伍建设的路径及特点

在经济社会整体环境以及慈善事业发展背景下，慈善人才的培育逐渐成为慈善事业发展的重要内容，广州在慈善人才培养方面进行了诸多有益探索和尝试，呈现出了相对清晰的发展路径及特点。

（一）慈善人才培育与慈善研究并重

现代高等教育强调教学与研究两个方面，并致力于推动成果转化。《广州市人民政府关于促进慈善事业健康发展的实施意见》中明确提出重视慈善理论研究，促进慈善事业"产学研"融合，而在慈善教育实践中，教学与研究得到同等重视，教研结合促进了人才培养质量的有效提升和行业知识的积淀。开展慈善人才培养和慈善研究的机构以支持型、智库型和行业型组织为主，并通过公益创投、直接资助等形式得到不同程度的支持。

广州市慈善会联合星河湾集团建立了慈善城市发展研究基地，组织开展城市慈善学术研究、行业研究及政策研究。广州市民政局、广州市慈善会、广州市慈善服务中心、广州市慈善组织社会监督委员会等在近年来组织和支持行业型和智库型机构出版了"慈善城市发展研究丛书"，包括《广府慈善文化拼图》《慈善组织透明度指标构建与应用——基于广州数据的分析》《广州市慈善资金监管实践与探索》等，以及年度《广州公益慈善事业发展报告》等学术成果。同时连续多年组织慈善城市发展研究年会及主题研讨会，促进研究成果交流与转化。其他智库型、支持型机构如广州社会组织研究院聘请特约研究员开展学术研究和行业观察，出版《广州社会组织》专刊、《广州市社会组织发展报告》，以及一系列行业调研报告。广州市公益慈善联合会参与区域慈善指数指标体系制定以及区域慈善研究。广州市社会创新中心组织社会创新论坛，进行公益慈善研究与成果出版。

这些行业型和智库型机构是广州慈善人才培养的重要实施机构，在慈善人才培养方面引领作用凸显。它们一方面组织开展多样化的慈善人才培养项目，另一方面致力于慈善学术研究和行业研究，产出了一批具有一定社会影响力和学术影响力的成果。人才培养与学术研究在一定程度上得以关联并相互促进，研究成果的转化和应用融入教学提升了人才培养质量，在提升慈善人才的技能素养、理论素养的同时也拓宽其学术视野。教学为研究提供经验材料、检验场域和研究视角，在慈善专业人才培养项目中，以从业人员为绝对主体的教育对象也为研究开展提供了便利条件。

（二）构建慈善人才多元支持体系

过去的慈善人才培养实践注重教学行为实施，以完成项目要求（如授课内容、师资以及培训人次）为主要指标，教育效果评估和后续跟踪支持较弱，"教"有余而"育"不足。近年来广州市慈善人才培养开始着眼于探索构建多元化人才培养支持体系。例如广州社会组织研究院通过恒常性培训、进阶式专题教育赋能，组织行业研讨会、论坛、社会组织交流大会等活动"以会代培"，开辟招聘平台为行业人才合理流动提供服务等方式，形成人才培育的多层次支持体系。广州公益慈善书院采用全人教育培养模式，综合提升有志于慈善事业人士的素质和能力，强调终身学习和学员支持，探索促进慈善人才持续成长的学习共同体建设路径。广州市善城社区公益基金会聚焦社区基金/基金会发展全过程，从推动促进、组织孵化、培力赋能到跟踪服务，从组织视角切入，培育和赋能相关人才，促进社区慈善人才队伍建设。广州市公益慈善联合会一方面为从业人员提供慈善专题、政策解读等培训课程，另一方面为会员机构提供行业交流机会、组织运营与发展咨询服务，为组织发展提供智力支持。

这些人才发展支持体系的多元探索改变了以往集中关注培训本身的倾向，将视野投向人本身的成长、机构运作和行业发展，延伸人才培养的链条，搭建专业人才成长和发展平台，并推动培训关注点向组织实际效能进而向行业发展的人才动能转化。这也体现了广州慈善人才培养逐渐从短期培训转向了关注人才长期培育支持和行业人才队伍整体建设。

（三）注重本土化知识生产

多年来，人才培养项目的师资倾向于从外部引入为主，邀请国内外知名学者和实务专家，借助他山之石助力广州慈善人才能力和素养的快速提升。在近两年的人才培养实践中，主要依靠从区域外引入师资的情况开始悄然发生变化，广州的慈善人才培养项目实施机构逐步认识到本地师资培养和本土知识生产的重要性，有意识地进行本土师资的发掘、培养和积淀。通过既往培训和本地高校资源，挖掘和锻炼出一支本地师资队伍，包括高校和智库的学者、资深实务工作者，以及跨界（如法律、金融、传播等领域）的专家。本土讲师不仅参与到人才培养项目中授课，也积极参与广州市举办的公益慈善相关论坛研讨等活动。

一方面，挖掘和培养本地师资队伍能够有效应对新冠肺炎疫情防控常态化形势下可能出现的外地师资流动受阻的被动状况。另一方面，培养了解本地情况和公益慈善发展现状，更贴合本地组织和人才实际需求的本土师资，有助于找到更为有效的问题解决办法，用本土知识和资源解决本地社区问题，同时促进本地知识和经验沉淀，形成公益慈善知识生产的价值闭环。更重要的是，增强本土化师资队伍建设，发掘、支持和储备高素质多梯度专业人才，也是强化地区公益慈善组织核心能力以及区域慈善可持续发展的重要保证。

（四）拓展跨区域人才合作模式

过往的慈善人才培养项目合作形式较为单一，资金多来自创投、基金会资助，以及学员缴费的部分补充，资源投入方相对较少参与教育培养过程。近两年，广州慈善人才培养项目的合作模式深度与资源广度得到拓展，吸引跨区域资源投入。例如，广东省丹姿慈善基金会连续几年支持广州社会组织研究院等机构开展"社会组织高级人才培养计划""社区慈善组织培力与人才培养研修班""公益慈善领军人才研修计划"等人才培育项目，并参与到教学设计、课程讲授和学员指导当中。广东省千禾社区公益基金会设立"千禾学人基金"支持慈善人才培育项目，并在生源渠道、参访资源等方面提供支持。

广州市小鹏公益基金会、深圳市文和至雅公益基金会等机构都对慈善
人才培养项目表现出了较大兴趣，并逐步增加了对这类项目的投入和
关注度。

此外，广州本地公益慈善组织走出广州乃至珠三角地区，与地区
外有影响力的公益慈善组织联合开展人才培养项目，向外汲取智力资
源，吸引和聚集国内优质生源，打造广州慈善组织的行业口碑和国内
影响力，促进跨区域知识和经验交流。例如，广州被中国慈善联合会
选定为人才培养基地，旨在搭建具有大湾区特色的慈善人才深度合作
平台，助力培养具有专业技能和管理能力的专业慈善人才。① 这些探
索展现了广州慈善发展开放包容的特质，也体现了广州公益慈善人才
培养机构希冀打破区域界限，通过深度合作拓展方式打造慈善专业人
才培养高地。

（五）融合互联网技术和教育学手法

广府慈善文化有悠长的历史，最早可追溯至秦汉至魏晋时期，并
在近代大放异彩。② 同时，广州也有着国内较早的现代慈善实践，改
革开放使得广州的公益慈善事业迅速复苏，20 世纪 90 年代广州首个
慈善组织——广州市慈善会成立③，广州现代公益慈善事业此后开始
创新和蓬勃发展。在此过程中，广州也较早开展慈善能力建设项目。
近年来广州慈善人才培养专业化水平得到提升，慈善人才培养被视为
一种教育类型来实施，主要体现在以下三个方面。一是手法。广州慈

① 《"中国慈善联合会人才培养"广州培训开班》，《广州日报》2020 年 10 月 23
日，https：//baijiahao. baidu. com/s？id = 1681381732898858451&wfr = spider&
for = pc。

② 朱健刚、武洹宇：《广府慈善文化拼图》，中国社会科学出版社，2020，第 2~
3 页。

③ 朱健刚、武洹宇：《广府慈善文化拼图》，中国社会科学出版社，2020，第 11~
12 页。

善人才培养项目广泛应用讲授、实地研学、工作坊、行动学习、同行交流等教育学手法，采用多样化教育手法提升人才培养效果。二是理念。议题和培养理念丰富多元，人才培养凸显层次感。基于全人教育理念开展的慈善通识教育、针对慈善组织细分类型和发展阶段开展的专项教育、选取慈善热点和前沿议题开展的专题教育等都在过去的两年中呈现出来，为广州慈善从业人员提供类型丰富的教育选择。三是差异化。慈善教育的组织机构开始找到各自的生态位，发展出各具特色、具有差异性的教育项目。

除了借鉴教育学专业化手法，广州慈善人才培养项目也探索与互联网技术手段的融合。在新冠肺炎疫情防控常态化背景下，互联网技术的优势充分凸显，"慈善+互联网"的应用场景在慈善人才培养中得到拓展。越来越多的人才培养项目以线上形式开展，新技术和新传播方式的应用不仅保证了培训项目的开展，也打破了学习的时空界限和权限壁垒，扩大了培训覆盖人群和社会影响力，在某种程度上，甚至有迈向公共慈善教育的发展倾向。这些得益于互联网会议、综合学习平台和传播平台的发展，例如利用腾讯乐享一站式学习平台，加快公益慈善教育数字化建设的步伐；也有行业型组织开通机构视频号，针对公益组织在运作发展过程中的具体问题制作科普视频，例如机构免税资格认定、法规政策解读、募捐活动开展、年报提交工作等，为初创型慈善组织发展提供专业支持。互联网技术在公益慈善教育活动中找到了应用场景并迅速完成了架设，"慈善+互联网"的适用性和普遍性也得到了加强。广州在互联网基础设施和创新发展空间上具有一定优势，"慈善教育+互联网"具有广阔的发展空间。

三 广州慈善人才队伍建设的发展空间

在国家强调第三次分配并提出共同富裕目标的背景下，慈善事业将迎来一次重要发展机遇，人才始终是行业发展的重要动力来源，对于慈善人才培养和储备的重视程度也将会再度提升。经济社会整体环境和慈善事业新发展都对人才队伍建设提出了更高要求，尽管当前广州慈善人才队伍建设逐步呈现出区域特色，但仍存在不足，慈善人才培养也需要在这一背景和要求下寻找发展提升空间。

（一）促进互联网技术和现代教育理念与慈善人才培养的深度结合

慈善从业人员的培训过往多为短时、分散灌输型的教学模式，近年来有从培训到教育的理念转变趋势，将新型教育手段和理念融入公益慈善人才培养项目中，但不得不承认，这种应用和融合尚且停留在较为粗浅的层面，尤其是现代互联网技术。互联网技术能够为慈善人才培养和公益慈善教育实施带来更多的想象空间。大量的社会教育实践已经在教育与互联网技术融合方面积累了相当多的经验和有价值的探索，"慈善+互联网"模式能够在慈善教育场景中广泛有效应用。对于慈善行业而言，在更大范围和程度上应用互联网技术不仅是时代要求，更是改善传统慈善教育手法、开发便捷有效的学习途径、开展即时和多元教学效果评估的手段，激发受教育人群内在学习动力、促进其持续学习的良好契机。尽管对于真实教育场景的模拟，以及线上教育效果的评估尚在探索之中，但机遇与困难并存，面对势不可挡的信息化发展浪潮，应以更加开放的态度积极参与和推动互联网公益教育发展。

（二）关注社区慈善议题和志愿服务人才培育

2021年，《中共中央　国务院关于加强基层治理体系和治理能力现代化建设的意见》印发，明确提出促进慈善发展、完善社会力量参与基层治理的激励政策、创新"五社联动"机制等要求。① 多年来广州的公益慈善组织一直探索社区治理创新路径和模式，近年来开始开展社区慈善相关议题培训，例如社区慈善基金培训计划，针对社区慈善基金管理人员开展相关培训，提升其资源筹募与动员、基金运作管理等方面的能力。同时，举办社区慈善基金经验分享专场活动，为从业人员培力赋能，促进社区慈善基金健康发展。② 但整体来看，针对社区人才的培训仍然相对较少，且多集中在社区基金议题，议题多元性和培训体系性有待提升。

此外，志愿服务人才队伍建设应得到进一步重视。作为重要的慈善力量，志愿者能够弘扬慈善文化，发挥营造慈善社会氛围、激励社会参与的作用。新冠肺炎疫情发生以来，志愿服务的价值和精神尤其得到彰显，在参与新冠肺炎疫情防控、开展社区服务和困难群众扶助等方面发挥了积极作用。在疫情防控常态化的背景下，志愿服务仍然是社会治理的重要补充和社会所需，但与之并存的是志愿者队伍能力亟待提升的需求，志愿者队伍建设的议题理应被加以高度重视和强调。

（三）推动高校与社会组织在慈善专业人才培养中的互动合作

尽管当前已经初步呈现出多样化的慈善教育生态，但也应清晰看到广州在慈善人才培养上缺乏高校与社会组织间的互动，也尚未形成优势互补和教育梯度。相较之下，社会开展的针对职业人士的慈善教

---

① 《中共中央　国务院关于加强基层治理体系和治理能力现代化建设的意见》，中国政府网，2021 年 7 月 11 日，http：//www.gov.cn/zhengce/2021－07/11/content_ 5624201. htm？trs＝1。
② 《聚焦规范运作，助力社区发展——2021 年广州市慈善会社区慈善基金交流会暨 99 公益日动员会顺利举行》，中宏网，2021 年 8 月 10 日，http：//gd. zhonghongwang. com/show-155-6964-1. html。

育项目相对较为活跃多元，而高校慈善教育方面相对沉寂。2022年，国内两所高校的慈善管理本科专业正式获批，标志着慈善教育进入主流国民教育序列。同年，中国高校公益慈善教育发展共同体发起成立，得到国内53家知名高校的响应，高校慈善教育进入了新的发展阶段。广州高校众多，教育资源丰富，慈善人才培养应借此契机寻找更广阔的发展空间。应促进高校和公益组织联动，实现资源优势互补，建设梯度明显、培养目标明确、体系完备的慈善人才培养体系，在人才存量和增量上提质增效，促进慈善人才的全周期发展和人才储备和流动。在推动慈善学历教育与非学历教育相得益彰的道路上更进一步。

（四）拓展慈善人才职业化发展路径

在慈善人才队伍建设的过程中，把人的培养和用人有效结合，制定和落实合理的薪酬体系和人才激励政策，建立慈善人才库，持续支持人才成长和发展，能够有效维持慈善人才存量稳定，同时吸引优秀人才进入社会领域。同时，探索慈善人才职业化发展路径，促进慈善人才职业素养提升。长期以来，慈善领域缺乏从业资格和职业技能的认定和考核，社会工作师、心理咨询师等往往成为从业人员较为关注的资格认定途径。缺乏职业技能认定途径，导致公益慈善从业人员较难获得匹配的社会认同，也在一定程度上造成公益慈善从业人员的自我认知模糊，公众对慈善事业的理解程度不深。这种状况也给人一种准入门槛低的印象，同时从业人员能力测评难，职业素养和核心能力提升的方向模糊。因此，开发慈善领域的职业能力认证课程，推动建立行业和社会认证体系，是明确从业人员职业素养提升方向、提升从业人员的社会认可度、促进高素质人才流动的重要途径，具有重要的现实意义和广阔的发展前景。

行业研究篇
Industry Reports

B.8
2021年度广州市基金会发展状况
分析报告

叶托 刘艳*

摘　要： 本报告首先对 2021 年度广州市基金会发展的基本情况进行了分析，研究发现：注册登记的基金会数量稳步增长；基金会的注册资金规模普遍不大；获得 3A 及以上评估等级的基金会数量偏少。然后，本报告探讨了 2021 年广州市基金会在生态环境保护、乡村振兴、社区公益、灾害慈善、国际交流等领域的表现。最后，提出了一系列推动广州市基金会高质量发展的举措建议，一是加强基金会党建工作，引领正确发展方向，激发组织活力；二是政府及相关部门需进一步完善政策支持和公共服务体系，优化

* 叶托，华南理工大学公共管理学院教授，博士生导师，国家治理研究中心（广东省社会科学研究基地）副主任；刘艳，华南理工大学公共管理学院硕士研究生。

"营善"环境；三是培育枢纽型基金会；四是从培育有全国影响力的资助型基金会、专业人才引进和培育以及加强区域交流等方面提升基金会行业专业水平。

关键词： 基金会　公益项目　广州市

学者们很早便注意到，与社会团体、社会服务机构等其他类型的社会组织相比，基金会虽然在数量上处于较为明显的劣势，但是在战略重要性上则具有十分独特的地位。具体来说，基金会的战略重要性主要体现在两个方面：一是有能力从社会中汇聚数量庞大的公益资源，二是可以通过资助社会团体、社会服务机构等其他类型社会组织的方式来支持和推动整体非营利部门发展。① 借助这些优势，近年来基金会在脱贫攻坚、突发公共危机事件应对、教育发展、社会治理等国家高度重视和民众普遍关注的领域发挥了不可替代的作用。

自 2012 年获得非公募基金会登记管理权限以来，广州市政府及相关职能部门持续不断地优化基金会发展环境，有效推动基金会高质量发展。首先，为了推动基金会行业建设，广州市 2017 年悉心搭建了一个定期运作、持续运转的行业交流与合作平台——"广州基金会季度论坛"；其次，为了加强基金会自身建设，广州市根据相关法律法规和有关规定，制定并持续完善《广州市基金会等级评估指标体系》；最后，为了支持重点领域基金会发展，广州市政府专门出台了《关于促进广州市教育基金会发展的实施意见》等。在这些重要举措的推动下，广州市基金会日渐步入良性发展的轨道。

---

① 赖伟军：《"资助型基金会"在中国的兴起：基于组织场域视角的分析》，《社会发展研究》2020 年第 3 期，第 111~112 页。

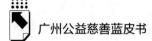

本报告将首先通过数据分析来描绘广州市基金会的发展现状。其次，通过典型案例分析来探讨广州市基金会在生态环境保护、乡村振兴、社区公益、灾害慈善、国际交流等领域的积极作用。最后，为推动广州市基金会高质量发展，提出几点对策建议。

一　广州市基金会发展的基本情况

（一）基金会的数量变迁

截至 2021 年底，广州市注册登记成立的基金会共计 123 家，其中在广州市级层面注册登记的有 122 家，在区级层面（南沙）注册登记的有 1 家。与上一年度的 104 家相比，净增加 19 家（见图 1）。图 1 较为清晰地展示了从 2012 年到 2021 年广州市基金会的数量变迁情况。仅仅从数量的角度来看，广州市基金会发展历程可以明显地划分为两个阶段。一是 2012~2015 年的稳健发展阶段。广州市 2012 年

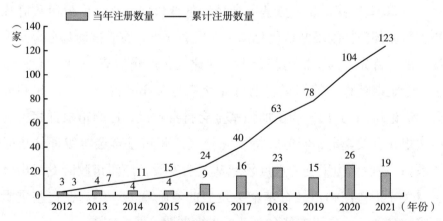

图 1　2012~2021 年广州市基金会当年注册数量与累计注册数量

资料来源：广州市社会组织管理局社会组织信息公示平台，http：//112.94.64.225：8080/home/pubbase/xxgsAllShzz。

首次获得非公募基金会的注册管理权限，需要经历一定时间的探索和适应过程，因此在这四年里，年均注册登记成立的基金会不到4家。二是2016~2021年的快速发展阶段。2016年之后，广州市注册登记成立的基金会数量开始快速增长，年均注册登记成立的数量达到18家。

（二）基金会的身份类型

截至2021年底，广州市一共有112家基金会获得慈善组织身份，约占总数的91.1%。其中，2021年新获得慈善组织身份认定的广州市基金会有19家（见图2）。事实上，在2016年9月1日之后注册登记成立的基金会均被认定为慈善组织，而尚未获得慈善组织身份的基金会都是在该时间之前注册登记的。值得关注的是，在2017年和2018年这两年，广州市民政局还认定了7家注册登记时间在2016年9月1日之前的基金会为慈善组织。

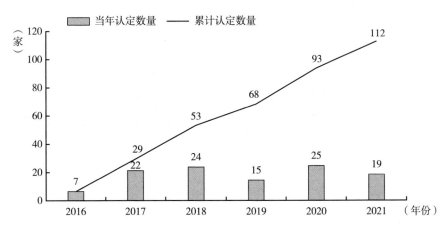

图2 广州市基金会获得慈善组织身份的时间分布与累计数量

资料来源：广州市社会组织管理局社会组织信息公示平台，http：// 112.94.64.225：8080/home/pubbase/xxgsAllShzz。

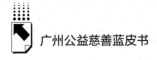
（三）基金会的注册地址分布

从基金会注册地址所在的区域来看，越秀、天河、海珠、白云和番禺这 5 个区的基金会数量均超过了 10 家，黄埔、荔湾、花都、增城、南沙、从化这 6 个区的基金会数量则都不到 10 家。其中，注册地址在越秀区与天河区的基金会数量最多，均达到 23 家。其次是海珠区，基金会的数量也达到了 19 家。此外，注册地址在增城、南沙、从化这 3 个区的基金会数量偏少，均在 5 家以下（见图 3）。值得一提的是，目前南沙区虽仅拥有一家区级层面登记的非公募基金会——广州南沙国际金融论坛基金会，但这是广州市首家在区级层面登记的基金会。而且，随着粤港澳大湾区建设与自由贸易试验区建设的不断深入，南沙区的经济实力正在快速提升，这在未来很可能带动南沙区基金会的蓬勃发展。

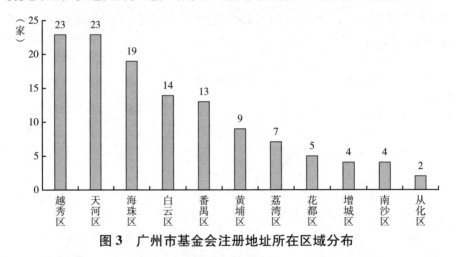

图 3　广州市基金会注册地址所在区域分布

资料来源：广州市社会组织管理局社会组织信息公示平台，http：//112.94.64.225：8080/home/pubbase/xxgsAllShzz。

（四）基金会的注册资金

根据《基金会管理条例》的规定，非公募基金会的最低注册资金规模是 200 万元人民币，且必须是到账货币资金。可以说，注册资金是设立基金会的基本条件之一，也是反映基金会组织规模和影响力的重要指标之一。表 1 详细列出了广州市注册资金规模超过 200 万元的基金会名单，总共有 14 家。在这 14 家基金会中，有 1 家的注册资金规模高达 1 亿元，远远领先于其他基金会，有 3 家的注册资金规模达到了千万级别，有 1 家的注册资金规模为 500 万元，有 3 家的注册资金规模在 300 万元到 310 万元之间，剩下几家的注册资金规模仅比法律要求的最低注册资金规模略高一些（见表 1）。除了这 14 家，其他基金会的注册资金规模均为 200 万元。整体来看，广州市绝大部分基金会的注册资金规模不是很大。此外，与 2020 年相比，2021 年新注册登记的 19 家基金会的注册资金规模均为 200 万元。①

表 1　广州市注册资金规模超过 200 万元的基金会

排名	名称	所在区域	注册资金（万元）
1	广州农商银行金米公益基金会	天河区	10000
2	广州市船说少儿文化基金会	越秀区	1700
3	广州市好百年助学慈善基金会	海珠区	1000
4	广州国际交流合作基金会	天河区	1000
5	广州市东升实业慈善基金会	白云区	500
6	广州悦尔公益基金会	海珠区	310
7	广州市天河公安民警基金会	天河区	300
8	广州市海珠公安民警基金会	海珠区	300
9	广州市增城实验中学教育发展基金会	增城区	231
10	广州市金珂扶持传统文化发展基金会	天河区	230
11	广州市真光教育慈善基金会	荔湾区	220
12	广州市荔湾公安民警基金会	荔湾区	205
13	广州市羊城暖蓉公益基金会	海珠区	202
14	广州市南海中学致远教育基金会	荔湾区	200.6

　资料来源：广州市社会组织管理局社会组织信息公示平台，http：//112.94.64.225：8080/home/pubbase/xxgsAllShzz。

---

① 2020 年的相关数据可以参见广州市慈善服务中心、广州市慈善会《广州公益慈善事业发展报告（2021）》，社会科学文献出版社，2021，第 143～144 页。

（五）基金会的等级评定

　　社会组织等级评估是我国政府依法履行监督管理职责，保证社会组织健康有序发展的重要手段之一。自 2011 年 3 月 1 日民政部正式施行《社会组织评估管理办法》以来，广州市民政局很快便制定了《广州市基金会等级评估指标体系》，继而又在 2019 年对之进行了最新的修订，其评估的主要维度包括前置项、法人治理、规范运作、财务管理、发挥作用、党建工作和加分项等七个部分。图 4 清晰地显示，在123 家广州市基金会中，一共有 15 家获得评估等级，约占总数的12.2%。具体来说，1 家基金会荣获了 5A 评估等级，即广州市华新公益基金会；1 家基金会荣获了 4A 评估等级，即广州市善城社区公益基金会；获得 3A 评估等级的基金会数量最多，共有 10 家，占比 8.1%；获得1A 评估等级的基金会也有 3 家；剩余的 108 家暂无评估等级（见图 4）。

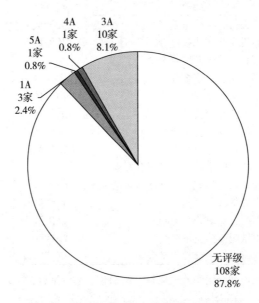

图 4　广州市基金会的等级评定情况

资料来源：广州市社会组织管理局社会组织信息公示平台，http：//112.94.64.225：8080/home/pubbase/xxgsAllShzz。

二 广州市基金会发挥作用的典型案例

近年来，广州市基金会步入稳定快速发展阶段，一方面基金会的数量持续增长，另一方面基金会的活动领域不断拓展。2021年度，广州市基金会在生态环境保护、乡村振兴、社区公益、灾害慈善、国际交流等领域，推动了一系列公益慈善项目的落地生效。本报告尝试选取若干案例，展示广州市基金会在公益慈善项目中发挥的作用。

（一）参与生态环境保护

近年来，随着绿色发展理念逐步深入人心，广州市基金会也更加积极地投身于环境保护公益事业之中，通过开展诸如科普宣传、学术交流、教育实践、志愿服务、政策倡导等多种形式的环保活动，增强社会环保意识，推动环境问题解决。2021年，广州市出现了一家主要从事环保公益事业的基金会，即广州市小鹏公益基金会。这可能预示了广州市基金会发展的一个新方向：在此之前，广州市绝大部分基金会主要关注的是教育、助困、扶贫等传统公益慈善领域。在未来，环保公益事业很有可能成为广州市基金会发展的新动能之一。

案例1 广州市小鹏公益基金会

广州市小鹏公益基金会于2021年10月14日在广州市民政局注册成立，是由新能源汽车公司小鹏汽车发起、专注于环保公益事业的一家非公募基金会，其组织使命是"助力绿色低碳生活方式转变，响应可持续发展和共同富裕"。作为广州市环保公益事业的一支新兴力量，小鹏公益基金会自成立以来便积极响应国家"碳达峰、碳中和"政策，结合发起企业的业务特点，在湿地保护、低碳科教、生态碳汇、环保志愿服务、环保公众倡导等方面开展或资助了一系列公益项目。2021 年 12 月 22 日，小鹏公益基金会与小鹏 UDS 数据智能平台启动了小鹏 App 低碳公益项目，倡导小鹏汽车用户绿色出行，并积极参与湿地保护等公益项目。2021 年 12 月 28 日，小鹏公益基金会与广东省环境保护基金会正式签署战略合作协议，致力于在滨海湿地保护、低碳环保教育和公众倡导、青年环保志愿服务等方面发挥各自优势，开展深度合作。

（二）助力乡村振兴

2021 年初，中共中央、国务院印发了《关于全面推进乡村振兴加快农业农村现代化的意见》，标志着我国"三农"工作重心由集中资源支持脱贫攻坚开始向全面推进乡村振兴转移。尽管我国脱贫攻坚战如期取得全面胜利，但是农业与农村基础差、底子薄、发展滞后的状况尚未得到根本改变，全面实现乡村振兴仍然是一项复杂而艰巨的工作，仅仅依靠政府和市场是不够的，还必须充分发挥社会组织等社会力量的作用。[①]《中华人民共和国乡村振兴促进法》明确要求，鼓励、支持社会组织参与乡村振兴促进相关活动。

在此背景下，广州市政府及相关职能部门积极出台激励性政策，推动社会组织助力全面推进乡村振兴，比如 2021 年 5 月，广州市社会组织管理局印发了《广州市社会组织参与巩固拓展脱贫攻坚成果推进乡村振兴工作方案》，并成立了相应的工作领导小组。在相关政策的指引下，广州市基金会依托自身的特点与优势，有效汇聚社会资源，围绕产业、就业、教育、健康、养老、消费帮扶等领域积极开展各类乡村振兴活动，日渐成为乡村振兴队伍中一支不可忽视的力量。

[①] 郑观蕾、蓝煜昕：《渐进式嵌入：不确定性视角下社会组织介入乡村振兴的策略选择——以 S 基金会为例》，《公共管理学报》2021 年第 1 期，第 126~136 页。

案例 2 广州市羊城光彩事业基金会

光彩事业最早是 1994 年民营经济人士在国家统战部门和工商联组织推动下，为配合《国家八七扶贫攻坚计划》而发起实施的，以促进共同富裕为宗旨的一项社会事业。1995 年 10 月中国光彩事业促进会成立，2005 年 12 月中国光彩事业基金会正式成立。广州市羊城光彩事业基金会成立于 2016 年 4 月 29 日，并经多年发展而获评 3A 级社会组织。2021 年 5 月，羊城光彩事业基金会正式启动了广州市"乡村振兴光彩扶持 1+10 行动计划"。该计划针对广州市乡村地区及 10 个对口帮扶地区的产业特征，实施光彩直播帮扶、光彩智力扶持、光彩大篷车消费协作等三大计划，引导广州市民营企业将资本、技术、人才、管理、数据等生产要素注入农业农村。9 月 23 日，羊城光彩事业基金会在增城区启动了广州市光彩直播帮扶计划之首届"直播乡村促振兴"光彩事业专场活动。这些活动通过直播新业态将光彩事业和乡村振兴有机结合起来，以"线上+线下"的形式开展直播旅游、直播带货等，推动乡村资源供给精准对接城市消费需求，促使城市消费潜力有效转化为乡村振兴动力。

（三）激活社区公益

社区是人类社会的基本单元，也是公益慈善活动落地见效的重要场所。2016 年，中共中央办公厅、国务院办公厅印发的《关于改革社会组织管理制度促进社会组织健康有序发展的意见》明确要求，利用"降低准入门槛""积极扶持发展""增强服务功能"等措施大力培育发展社区社会组织。自此之后，通过发展社区社会组织来激活社区公益事业，便成为我国政府的一项重要任务。2017 年 12 月，民政部出台了《关于大力培育发展社区社会组织的意见》，2020 年底，民政部办公厅又印发了《培育发展社区社会组织专项行动方案

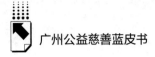

（2021—2023 年）》。

广州市一直非常重视社区公益事业发展，也不断尝试通过发展社区社会组织来激活社区公益事业。2021 年，广州市民政局在上级部门的指导下制定了《广州市培育发展社区社会组织专项行动实施方案（2021—2023 年）》，积极引导社区社会组织开展"邻里守望"志愿服务、"共建共治共享"社区协商、"平安建设"社区治理、"文化铸魂"精神文明创建以及"助力乡村振兴"公益互助等公益活动。在一系列举措中，有一项非常独特而重要，那就是培育发展社区基金会。学者们普遍认为，社区基金会能够在聚集社区资源、解决社区问题、创新社会治理等方面发挥重要作用。① 截至 2021 年底，广州市共有 2 家社区基金会，分别是广州市善城社区公益基金会与广州法泽社区公益基金会。

案例3 广州市善城社区公益基金会

广州市善城社区公益基金会是由广州市慈善会发起，于 2018 年 12 月成立的一家非公募基金会。该基金会的宗旨是"整合社区资源，实施'三社联动'，打造社区公益慈善支持平台，创新社区慈善事业发展模式，支持、促进社区建设与发展"。近年来，通过筹集社会资源投入社区发展、开展社区公益慈善项目等方式，善城社区公益基金会为广州市社区慈善氛围营造与社区公益事业发展作出了积极贡献。一是指导社区慈善基金孵化。从 2019 年开始，善城社区公益基金会便与广州市慈善会联合发布了《广州市慈善会社区慈善基金合作服务指引（试行）》，为社区慈善基金的设立与运作提供指引服务。二是提升社区慈善基金质量。2021 年底，又启动了"善暖同路人"社

---

① 吴涛、周佳雯：《我国社区基金会运行的实践与思考——基于 L 社区基金会的案例研究》，《行政管理改革》2019 年第 2 期，第 41~47 页。

区慈善基金支持计划，通过专题式培训、互访交流、主题分享、资源动员支持等途径，有效提升了社区慈善基金的运作质量。三是开展社区公益微创投。2020年，善城社区公益基金会联合广州市慈善会启动了首届"创善·微创投"——广州市社区公益微创投项目。该项目旨在资助服务于社区的各类社会组织、慈善组织、社区（村）居委开展重点人群兜底保障类、社区发展及问题解决类、公益助学类社区服务项目。到2021年底，共举办了两届活动，资助了104个项目，累计投入达230万元。除了提供资金支持之外，善城社区公益基金会还派出专业人员为有需要的微创投主体提供业务指导，确保微创投项目的可持续发展。

（四）开展灾害慈善

灾害慈善是慈善力量在灾害管理中的各种行动，包括医疗救助、款物捐赠、提供志愿服务、提供人类服务等。众所周知，在救灾和灾后重建的过程中，以基金会为代表的慈善力量往往能够发挥相当重要的作用，比如募集救灾资金与物资、组织救灾志愿服务活动、开展困难群体救助、提供心理援助等。[①] 2021年，我国出现了一些较为严重的灾害，比如新冠肺炎疫情、河南省洪涝灾害等。面对这些灾害，广州市基金会快速反应，迅速行动，充分发挥自身在募集公益资源、整合社会力量方面的优势，积极投身于灾害慈善工作之中。

案例4　广州市正佳慈善基金会

广州市正佳慈善基金会是一家依托正佳集团的非公募基金会。按

[①] 叶托、杨雨欣：《广州慈善力量参与新冠肺炎疫情防控研究》，载广州市慈善服务中心、广州市慈善会《广州公益慈善事业发展报告（2021）》，社会科学文献出版社，2021，第77~91页。

照章程规定，赈灾救助属于正佳慈善基金会的主要业务范围。2021年，正佳慈善基金会积极参与灾害慈善活动，获得了广泛的社会影响力。6月，正佳慈善基金会向广州市社会组织联合会捐赠了价值100万元的新冠肺炎疫情防护物资。7月，河南省发生严重洪涝灾害，正佳慈善基金会快速采取救灾行动，募集到价值870万元的救灾物资，用于支持防汛救灾及灾后重建工作。为了保证救灾物资能够快速运往灾区，基金会党支部专门成立了"抗洪救灾应急队"负责相关工作。8月，贵州省毕节市七星关区发生4.5级地震，正佳慈善基金会又及时向受灾地区捐赠了价值115万元的救灾物资。

（五）促进国际交流

自20世纪90年代初提出"初步建设具有强大内外辐射能力的现代化国际大都市"的发展目标以来，广州市不断推动国际化进程，并在对外贸易、交通枢纽功能、国际交往等领域获得了举世瞩目的成绩。[①] 建设粤港澳大湾区上升为国家战略以后，国际化逐渐成为广州市发展的鲜明特色和主要定位。在广州市国际化的发展过程中，一些基金会充分利用行业优势和专业优势，在产业对接、文化交流、国际公益活动、文体赛事、城市推介、学术研究等国际交流领域发挥了不可替代的作用，日益成为助力广州市国际化转型的一支重要力量。

案例5 广州国际交流合作基金会

广州国际交流合作基金会是由广州市人民政府出资注册成立的非

---

① 卢玉华：《广州"国际大都市"城市定位的发展历程探析》，《城市观察》2019年第6期，第84~92页。

公募基金会，其业务主管单位是广州市人民政府外事办公室。该基金会的主要宗旨是"整合社会各界资源，深入推动广州国际交流与合作，推进广州国际化城市建设"。2021 年，基金会秉持"立足广州，放眼全球"的理念，在产业交流、文化体育、国际公益活动等方面开展了大量活动。在产业交流方面，1 月 22 日，广州国际交流合作基金会与日本贸易振兴机构广州代表处、广州民营投资股份有限公司共同承办了"中日跨境电商医药产业线上交流会——OTC 药品生产与销售企业"，有效推动了中日双方医药产业经贸合作。在国际公益活动方面，5 月，广州国际交流合作基金会联合广州图书馆、荔湾区西村街道党工委、盈科律师事务所等为居住在西村街道的来自坦桑尼亚、刚果、乌干达、伊拉克等国家的外籍人员提供了法律咨询、办理读者证等志愿服务。在体育方面，9 月 24 日，广州国际交流合作基金会联合广东省人民对外友好协会举办了第三届广东中外青年体育对话会，邀请到国内外体育界专家和青年运动员参与线上讨论，搭建了一个中外体育文化交流平台。

三　广州市基金会创新发展的对策建议

2021 年是我国基金会行业发展的第 40 个年头[①]，2022 年是广州市获得非公募基金会登记管理权限的第 10 个年头。在新的历史起点，广州市基金会应积极投身于扎实推进共同富裕与全面推进乡村振兴的伟大征程，充分发挥行业优势与资源优势，创新公益慈善服务方式，开拓公益慈善服务领域，努力探索一条具有鲜明广州特色的基金会发

----

① 1981 年 7 月 28 日的中国儿童少年基金会被认为是新中国成立后的第一家国家级公募基金会。

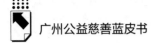

展之路。为此，本报告结合广州市基金会发展的实际情况，提出如下四个对策建议。

（一）加强党建引领

随着累计注册数量快速增加，广州市基金会也逐渐成为党的基层组织建设的重要领域。在广州市扎实推进共同富裕的进程中，基金会承担着相当重要的任务，同时其自身发展也必然面临诸多挑战。加强基金会党建工作，对于引领广州市基金会正确发展方向，激发广州市基金会的组织活力，促进广州市基金会在全面建设社会主义现代化国家新征程中更好发挥作用，具有重要意义。

目前，获得评估等级的广州市基金会数量偏少，仅占总数的12.2%，其中获得3A及以上评估等级的也只有12家。与社会服务机构、社会团体等其他类型社会组织相比，无论从数量还是比例来看，广州市基金会等级评估状况都是比较落后的。根据实地调研，这背后的主要原因之一是，广州市基金会的党建工作有待加强，工作人员的党员比例偏低。在当前的社会组织等级评估体系中，党建工作是等级评估的重要内容之一，相关指标的分值对评估结果有着重要的影响。因此，广州市应更加重视基金会的党建工作，一方面要从基金会党员数量偏少、兼职工作人员较多等实际情况出发，积极探索联合党支部等党建模式；另一方面要主动开展党建工作"手拉手"之类的专项行动，选派党建指导员指导基金会开展党建工作。

（二）优化公共服务

广州市基金会仍然处于初步发展阶段，面临着发展不平衡、发展不规范、发展质量有待提升等诸多需要关注的问题。为规范基金会发展与充分发挥基金会在扎实推进共同富裕中的作用，广州市政府及相关职能部门需要进一步完善政策支持和公共服务体系，优化"营善"环境，以高质量公共服务帮助解决基金会发展中存在的问题，增强基金会发展信心，支持基金会做大做强。首先，在注册登记方面，要采取更加切实的举措推动社会力量在黄埔、荔湾、花都、增城、南沙、从化等地区成立基金会。其次，在支持政策方面，要出台一系列激励性政策措施，帮助基金会解决资源链接、项目推介、能力建设等难题。再次，在人才引育方面，民政部门要积极与人力资源和社会保障等相关部门协同制定基金会人才引进与培养政策。最后，在规范发展方面，可以尝试通过政府购买服务的方式提供政策咨询、行业交流、专业培训等公共服务。

（三）培育枢纽型社会组织

枢纽型社会组织是一种在政府与社会组织之间发挥桥梁纽带功能的特殊社会组织，其桥梁纽带功能包括：优化政府与社会组织的互嵌关系；拓展社会组织与市场主体的合作；实现社会组织间资源共享和项目合作。① 由此可见，枢纽型社会组织对于社会组织行业发展具有极为重要的价值。从整个社会组织行业来说，广州已经培育和发展出了若干颇具影响力的枢纽型社会组织，但是从基金会这个小领域来说，广州仅搭建起了"广州基金会季度论坛"等行业交流与合作平台，仍然缺乏枢纽型基金会。因此，可以从以下三个方面着手：第一，重点培育1~2个枢纽型基金会，引导其加强自身建设，努力提高服务能力；第二，明确枢纽型基金会的角色边界，既要充分发挥其联通政府、基金会、市场、公众等利益相关主体的桥梁纽带作用，又要防止其出现行政化色彩过浓、服务能力偏弱等问题；第三，赋能枢

---

① 顾丽梅、戚云龙：《资源依赖视角下枢纽型社会组织的发展逻辑探析——以 M 市社会组织总会为例》，《浙江学刊》2021 年第 3 期，第 56~63 页。

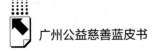

纽型基金会，通过职能转移、购买服务、公益创投等方式，扶持枢纽型基金会发展。

（四）提升行业专业水平

当前，广州市基金会行业的专业水平依然有待提升，包括专业人才缺乏、项目运作能力偏低、项目创新能力弱等。对此，应该着重从以下三个方面提升广州市基金会行业专业水平。第一，尝试培育若干具有全国影响力的资助型基金会。根据公益资金使用方式，基金会可以分为运作型和资助型两类，前者主要将筹集到的资金直接用于自己运作的项目，后者主要将筹集到的资金用于资助其他组织运作的项目。与运作型基金会不同，资助型基金会可以通过扮演资源提供者角色的方式来推动公益行业生态链的形成。第二，加大人才引进和培育力度。目前，广州市基金会发展势头良好，正处在急需专业化、职业化人才支持的阶段。但现实是，大量由企业发起的基金会依靠流动性较强的兼职工作人员，一些政府机构发起的基金会也比较依赖退休人员和兼职人员。对此，民政部门应协同人力资源部门加快制定基金会人才引进与培养政策，并加强对基金会工作人员的培训工作。第三，加强与其他地区的交流与合作。广州市基金会应该进一步加强与北京、深圳、上海、杭州等地区的行业交流与合作，形成相互学习、共同进步的良好氛围。

B.9
新冠肺炎疫情下广州社工的
多元公益慈善服务实践

段鹏飞 *

摘　要： 受新冠肺炎疫情冲击和影响，各类困境群体数量增多，社会工作者提供服务所面临的难度、风险和挑战远大于平常。为应对挑战，广州社工积极响应各级党委、政府号召，发起各类帮扶服务，促进"社工+慈善"融合发展，取得了显著成效。具体实践上：一是广州社工发起开通"红棉守护热线"，为市民提供防疫咨询、心理辅导和生活救助服务；二是联结多方力量，打通线上咨询和线下服务，为各类困境群体提供兜底保障服务；三是消费助农，通过广州社工和志愿服务平台直销，为农户增收；四是搭建群防群控服务项目平台，解决一线抗疫的社工和志愿者以及困境群体生活难题；五是充分发挥社工站慈善捐赠点的作用，募集资金和短缺物资，帮助受疫情影响的困境群体。本文梳理其中的经验，以期提供参考和借鉴：其一，"社工+慈善"融合发展是双赢之策；其二，社工机构是推动社区慈善发展的有效力量；其三，社工服务有助于应急公益慈善服务体系建设；其四，社工是慈善服务精准化的促进者，可以高效、快速地将救助服务精准地传递到服务对象手中。

关键词： 社会工作　新冠肺炎疫情　融合发展　广州市

---

* 段鹏飞，社会工作师，广州市社会工作协会秘书长。

2020年和2021年，是新冠肺炎疫情防控最辛苦的2年，也是广州社会工作服务发展的第12年和13年。这一时期，随着社会工作人才队伍的不断优化，财政投入的持续增长，政策体系的逐渐完善，广州社会工作服务已步入日益规范、成熟发展的新阶段。同期，广州的"慈善之城"创建工作深入推进，社区慈善日益兴起，"社工+慈善"融合发展政策和机制趋于完善。总体而言，新冠肺炎疫情给社会工作服务发展带来前所未有的挑战，但新时期社会工作得到各级党委、政府的日益重视和支持，这也为公益慈善与社会工作的融合发展带来了新机遇。

一　广州社工参与疫情防控的背景

（一）应急响应背景

2020年1月23日，广东省启动重大突发公共卫生事件一级响应，新冠肺炎疫情防控由此全面启动。为响应广州市委、市政府关于新冠肺炎疫情防控工作号召，2020年1月26日，广州市社会工作行业党委、市社会工作协会发出了《关于全行业援助抗击新型肺炎疫灾，实施"广州社工红棉守护行动"的倡议书》，后续再次出台了《广州市社会工作行业参与新型冠状病毒感染的肺炎疫情防控及服务工作指引（第一版）》。随后，在市社会工作行业党委、市社会工作协会的统筹指导下，全市社会工作服务机构和社会工作者积极参与"广州社工红棉守护行动"，快速开通200多条"红棉守护热线"[①]，24小时线上暖心服务广大市民。与此同时，在线下，广州社工在各

---

① 《广州社工"红棉守护热线"开通情况速递》，广州市社会工作协会官网，2022年7月5日，https：//www.gzsg.org。

镇（街）的指导下，有序参与社区兜底人群保障、应急救援、疫情流调排查、隔离人员服务等各项服务，由此开启了疫情下的服务实践探索。

（二）转型发展背景

社会工作发源于慈善，是人类社会文明进步的产物和重要标志，其主张运用科学化、人性化的方法帮助和服务困境人群，并妥善协助、支持困境人群应对自身的困难和问题。党的十六届六中全会提出要"建设宏大的社会工作人才队伍"，社会工作首次进入党和国家社会发展政策的顶层设计。此后，社会工作乘着社会管理体制改革、政府购买服务和社会治理等政策东风快速兴起，成为国家和各级地方政府推动社会进步和社会治理创新的重要政策选项。

广州市积极贯彻落实国家关于发展社会工作的一系列政策文件精神，于 2008 年起步探索发展社会工作服务。截至 2021 年底，历经 13 年发展，已建立了"社区综合+专项服务"并举发展的社工服务网络和阵地。常年运营的政府购买社工服务项目近 400 个，全市培育的持证社会工作者超 2.7 万人，社会工作服务覆盖了禁毒、司法、医务、社会救助、失独家庭、困境儿童等近 20 个领域[①]，形成了广覆盖、宽领域、多元化的社工服务体系。当前，广州社会工作服务已进入转型高质量发展的新阶段，其服务体系日益厚实和完善，为社会工作者参与疫情防控、社会治理、民生兜底保障等服务奠定了有力的基础。

（三）"慈善之城"创建背景

为全面贯彻落实《中华人民共和国慈善法》和国家、广东省关

---

① 《2022 广州社工宣传周启动，广州社工发起"红棉守护暖基层"服务行动》，大洋网，2022 年 3 月 24 日，https：//news.dayoo.com/gzrbrmt/202203/24/158543_54220895.htm。

于促进慈善事业发展的指示精神，广州市探索提出推动深化"羊城慈善为民"行动，创建全国"慈善之城"，并写入2017年广州市政府工作报告，首次将创建"慈善之城"纳入广州城市整体发展战略。广州市民政局、广州市精神文明建设委员会于2017年联合发布了《深化"羊城慈善为民"行动创建全国"慈善之城"2017—2020年行动方案》，此后"慈善之城"创建工作深入推进。2019年，广州市民政局发布《广州市实施"社工+慈善"战略工作方案》，首次明确提出促进全市社会工作与慈善事业高质量融合发展，为后续通过慈善赋能进一步推动社会工作服务创新提供了强有力的政策保障，也为疫情下广州社工整合链接慈善资源、有效参与民生兜底保障服务奠定了良好基础。2021年广州将创建"慈善之城"写入《广州市慈善促进条例》，首次以立法的形式予以确认，并出台《促进慈善事业健康发展的实施意见》《广州市推动慈善事业高质量发展行动方案》等文件，全力推进慈善事业发展。

二　广州社工参与疫情防控的实践

综观新冠肺炎疫情下的广州社工，在公益慈善服务实践方面呈现出多元化特征，究其原因有两点：一是社工服务的对象及需求呈现多元化，服务对象（包括独居孤寡长者、低保低收家庭、困境儿童等困境群体）更易受疫情影响和冲击，不同困境群体的需求也呈现多元差异性；二是为了回应服务对象的多元需求，广州社工必须从多层面、多路径探索解决各类困境群体的不同问题，尽可能采取多元方式开展服务。为此，广州社工在实践中采取线上、线下、合作、联动、转介等多种方式，主动加强与公益慈善组织的合作，整合链接多元公益慈善资源，不断探索提升自身服务实效的有效路径。具体来看，广州社工的多元公益慈善服务实践体现在以下几个方面。

（一）"红棉守护热线"服务

2020 年 1 月新冠肺炎疫情发生后，在广州市社会工作行业党委、市社会工作协会的统筹指导下，全行业社会工作服务机构、社工积极发挥自身专长，共同发起"广州社工红棉守护行动"，快速开通了 200 多条广州社工"红棉守护热线"，主要为市民提供防疫知识和政策咨询、心理辅导、生活救助、应急救助等多项线上公益服务。截至 2022 年 3 月，"红棉守护热线"线上暖心服务市民超 130 万人次，线下累计服务超 1450 万人次。① 广州通过覆盖全市镇（街）的"红棉守护热线"服务网络，搭建起疫情下线上服务的网络和渠道，快速、及时地把党和政府的各项防疫指引和社会救助、医疗服务等政策传递给广大市民，并积极为广大市民提供各类咨询、心理疏导和应急援助等关怀服务，为全市疫情防控作出了积极贡献。过去 2 年，广州社工"红棉守护热线"已成为市民拨打频率最高和最值得信赖的热线，已成为广州社工在疫情下探索开展的最成功的服务。

（二）兜底保障服务

疫情下，困境群体是受冲击和影响最大的人群，而社工机构最显著的专业优势就是面向各类困境群体开展服务。据统计，2021 年广州社工克服疫情影响，主动聚焦社区困境群体，积极开展面向特殊困境群体的救助服务。具体来看，广州社工通过四种公益慈善服务在民生保障方面发挥了积极作用。

一是通过"红棉守护热线"和社工站平台，构建线上、线下的社工民生兜底保障服务网，为困境人群建立了包括动态跟踪、需求摸

---

① 《2022 广州社工宣传周启动，广州社工发起"红棉守护暖基层"服务行动》，大洋网，2022 年 3 月 24 日，https：//news.dayoo.com/gzrbrmt/202203/24/158543_54220895.htm。

查和精准服务在内的一体化服务保障体系。

二是通过"社工+慈善"联动机制，与市、区各级慈善组织强化合作，实施"微心愿"帮困服务项目，累计帮助1.1万名困境人士圆梦"微心愿"，① 有效解决和回应了各类困境人士的生活困难，满足了困境人群的基本生活需求。

三是联合基层社区和志愿者，建立社区应急救援力量，主动关注和排查社区困境群体在疫情下的突发困难和危机，打通线上资讯和线下服务网络，及时为发生意外事故、突发摔伤、突发重病等市民提供帮助，包含紧急帮扶、上门答疑、送医、送药、送口罩、送救助等援助服务，服务对象达1.5万多人次，较好地解决了各类困境人群遭遇的紧急困难。

四是发动社会多元力量，助力困境儿童复课复学，解决了1497名困境儿童线上学习困难的问题。如广州明镜社工针对仙村镇当地农村困境儿童缺少网络和电脑等网上复学条件的问题，发起"关爱困境儿童疫情学习支援计划"，得到了当地群众和社会的关注与支持，募集了20多台手机和平板电脑等资源，帮助20多名困境儿童解决了网上复课学习困难问题。②

广州社工在服务的过程中不仅关注困境群体在生活方面的困难，更关注疫情下困境群体在心理、精神层面的需求，亦能积极联动各类公益慈善组织、社区居委会、医院、志愿者、爱心企业等各层面的力量，为社区困境群体构筑起快速、精准救援服务保障网，对于提升疫情下的民生兜底保障工作能力和水平具有积极促进作用。

---

① 《2022广州社工宣传周启动，广州社工发起"红棉守护暖基层"服务行动》，大洋网，2022年3月24日，https://news.dayoo.com/gzrbrmt/202203/24/158543_54220895.htm。

② 《疫情之下广州社工守护困境儿童不遗余力》，中宏网，2020年3月25日，http://gd.zhonghongwang.com/show-155-1724-1.html。

（三）消费助农服务

疫情发生后，乡村农业生产也受到不同程度的影响，例如农产品出现滞销等问题。为此，广州的部分社工机构开展了相关服务探索。广州市善缘社会工作服务中心党支部联合越秀区洪桥街、荔湾区东沙街、海珠区海幢街等相关单位，对接清远市有关部门，发起广清合作助困服务项目，通过广州社工和志愿服务平台直销，把产自清远的1.3吨蔬菜和345只鸡配送到了680户孤寡、贫困、低保低收等困境居民家里，解决了部分困境居民的生活困难。[①]

广州市白云恒福社会工作服务社联合广州市社会工作协会，共同发起"红棉助农——名优黄皮传递爱"行动，倡议社会各界踊跃参与滞销黄皮的去库存活动。创新使用"助销+公益"模式，一方面，高效解决黄皮滞销问题，帮助农户增收4万多元；另一方面，为荔湾区疫情防控一线的工作人员和志愿者送上了约5000斤爱心黄皮，实现了助农增收与公益慈善的双赢。

广州市穗星社会工作服务中心结合自身优势积极开展"红棉暖万家——社区消费扶贫"展销项目，发挥机构"社工+慈善"服务优势，联合10多家本土社工机构，以镇（街）社工站为依托，大力探索实施社区消费扶贫项目，引导广大市民通过公益消费，帮助和支持更多农村困境家庭增收致富，提高农村困境家庭生存发展能力。通过推广"以购代捐""以买代帮"模式，开展"红棉暖万家"社区消费扶贫活动34场，吸引11600人次社区群众参与消费扶贫活动，直接销售农产品货值达17.7万余元，为后续探索建立长效化、精准化

[①] 《广州社工携手清远农户共同抗击疫情》，人民数字联播网，2020年2月26日，http：//www.rmsznet.com/video/d169123.html。

的助农脱贫机制奠定了良好基础。[①]

广州市大家社会工作服务中心增城区城郊街社工服务站策划实施"党群互助社"服务项目,发动30个爱心单位和企业参与,助农增收94.2万元,并成立了广州市从化区慈善会城郊街社区慈善基金,培育1支党员先锋服务队和2支党群志愿服务队,协助农户成立从化区第一家农民合作社,全方位帮助困境农户增收。[②]

(四)群防群控服务

激发群众参与,实现群防群控,是做好防疫抗疫工作的关键。广州社工积极发挥自身优势,通过搭建群防群控服务项目平台,调动社会多元参与,为社区群防群控赋能。广东岭南社会工作发展服务中心联合广州市穗星社会工作服务中心及相关爱心企业发起了"暖守午餐"项目,累计为越秀、天河、海珠、荔湾4个区的上万名一线抗疫的社工和志愿者送出了4万份爱心午餐,缓解了一线抗疫人员吃饭难的问题。

广州市北斗星社会工作服务中心携手广州市慈善会、广州广播电视台FM106.1广州应急广播,协同一大批爱心企业,发起"合力防疫公益基金"项目。短短5天便筹集物资、捐款共计130多万元,全部用于为一线工作人员抗疫提供支持和保障。广州市阳光天使社会工作服务中心联合爱心企业募集"天使暖心包"2093份,总价值超过10万元,直接惠及疫情下最需要关心的居家隔离人员、医护工作者、一线社区工作者、环卫工人和快递员等群体超过2000人,有效化解了各类困境人员的生活困难问题。

广州市荔湾区恒福社会工作服务社华林街社工服务站发动居民策

---

① 《广州:社工助力乡村振兴 展现新担当新作为》,《公益时报》2022年4月7日,http://www.gongyishibao.com/html/shenghuigongzuo/2022/04/20746.html。

② 《广州社工助力乡村振兴展现新作为》,《中国社会报》2022年4月12日,https://www.mca.gov.cn/article/xw/mtbd/202204/20220400041263.shtml。

划实施"爱心农场"项目，通过服务项目为社区居民互助抗疫搭建参与平台，鼓励社区居民积极为社区困境家庭定期派送自种的"爱心蔬菜"，较好缓解了疫情下社区困境家庭缺菜的问题，累计服务社区独居孤寡长者、患病长者、低保低收等困境居民达 58 人次。[①] 荔湾区逢源人家社工在西村街发起社区爱心守护行动，组建了"爱心代购服务队"，还发起了社区爱心互助募捐活动，解决了 43 名视障困境人士防疫物资短缺问题。

（五）社区慈善服务

广州社工积极发挥"社工+慈善"联动优势，充分发挥社工站慈善捐赠点的作用，积极参与社区基金培育、志愿者培育和社区慈善服务活动，全面推动社区慈善服务提升。据不完全统计，2020～2021年，广州市依托社工服务站培育的社区基金达 135 个，依托全市社工服务站建立的 203 个慈善捐赠站（点），整合链接爱心善款超 1096 万元，募集爱心物资超 123 万件（折合人民币价值 5200 多万元），每年受益困境群体超 17 万人次，广州社工在社区慈善中发挥的作用日益显现。[②]

广州市社会工作协会和广州市慈善会联合发起了"善暖社区——资助社区疫情防控计划"项目，为全市 201 个社工服务站提供了超过 100 万元的抗疫防疫资金，用于社工服务站采购防疫抗疫物资，另外还先后为全市社工服务站募集了 11.2 万只口罩，极大缓解了一线社工和社区 3 万多名独居孤寡、低保低收等困境人士防疫物资

---

① 《多种角色切换，多项服务并举，广州社工这样为社区抗疫出力!》，金羊网，2020 年 3 月 15 日，https：//news. ycwb. com/2020-03/15/content_ 30618588. htm。

② 《2022 广州社工宣传周启动，广州社工发起"红棉守护暖基层"服务行动》，大洋网，2022 年 3 月 24 日，https：//news. dayoo. com/gzrbrmt/202203/24/158543_ 54220895. htm。

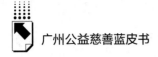

短缺问题。广州社工充分发挥专业服务优势，通过策划服务项目、整合链接社会资源，调动社会多元参与和互助，助力抗疫、扶困两不误，较好促进了基层社区的群防群控。

三　广州社工参与疫情防控的优势

广州社会工作服务历经 13 年发展，积淀了较为深厚的基础，构建了"社区综合+专项服务"的社工服务平台和网络，使广州社工在开展服务方面具有诸多优势。

（一）党建优势

疫情发生后，广州市社会工作行业党委积极牵头统筹指导全市社工积极、有序参与疫情防控和民生兜底保障服务，并会同广州市社会工作协会发布了多方倡议书和服务的规范指引，鼓励和引导行业社会工作服务机构党支部、党员社工带头参与基层社区一线疫情防控工作。全市社会工作服务机构党支部组建了 100 多个抗疫突击队，活跃在社区疫情防控一线，激发了广大社工参与疫情防控的积极性。①

（二）政策优势

2008 年以来，广州市十分重视社会工作服务发展，通过出台推动社会工作服务发展的一系列政策和持续的财政支持保障政策，培育了一大批社会工作专业人才，构建了常态化的社会工作服务项目平台和阵地，促进社会工作服务在全市持续发展。2017 年以来，广州市启动了"慈善之城"创建工作，并率先提出了一系列推动"社工+慈

---

① 《广州社工组成百支抗疫队伍　聚焦服务特殊困难群体》，中国新闻网，2021年 6 月 22 日，https：//www.chinanews.com.cn/sh/2021/06-22/9505051.shtml。

善"融合发展的政策，鼓励支持在镇（街）社工服务站建立社区慈善募捐站点和社区慈善基金，这些政策为广州社工开展公益慈善赋能，较好推动了广州社工在公益慈善方面的服务实践。

（三）专业优势

社会工作不仅主张通过专业方法为服务对象提供服务，而且注重对服务对象权益的保护，倡导通过增能赋权、助人自助等理念提供更有价值和更专业的服务，从而促进服务对象本身的成长与发展。在实践中，广州社工常年在社区一线扎根，他们会优先关注和服务低保低收、独居孤寡、困境儿童等各类困境群体，动态把握各类困境群体需求，有针对性地规划设计服务项目，整合链接社会公益慈善资源，为服务对象适时提供精准、便捷、有效的公益慈善服务。

（四）平台优势

广州社会工作服务项目已覆盖了城乡所有镇（街），日常运营的社会工作服务项目超 400 个，各类专项服务覆盖了 19 个服务领域的各类困境人群约 17 万人。① 这些社工服务项目平台常年持续运营，为广州社工开展公益慈善服务提供了良好的实践空间，有利于广州社工依托各类项目平台，开展各类公益慈善服务实践。

四 广州社工参与疫情防控面临的挑战

（一）疫情压力

众所周知，新冠肺炎疫情给人类社会和各行各业带来了巨大的影

---

① 参见广州市社会工作协会发布的 2021 年度广州社工服务大数据统计。

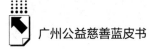
响和挑战。疫情发生后，广州社会工作服务也一度受到冲击，各社工服务站和项目服务点按照疫情防控要求不提供开放服务，不仅如此，广州社工在一线服务的同时，也面临着疫情带来的健康、安全和生活等方面的诸多压力和挑战。

（二）服务困难

受疫情冲击和影响，"红棉守护热线"服务接线量持续攀升，一旦疫情突发，社工服务站的线下应急工作任务量会急剧增大，且许多服务工作的难度较大，对社工的能力要求极高，广州社工面临的挑战和压力巨大。以前以线下的面对面服务为主，服务开展较为顺利。但2020年新冠肺炎疫情突发后，广州社工一方面要做好自身的防护，另一方面要克服困难开展服务。广州社工一开始只能借助"红棉守护热线"开展线上服务，许多应急服务受疫情影响一度难以顺利开展，后期在各镇（街）指导和支持下，才有序参与了各项线下服务工作，逐渐探索建立了线上与线下联动的机制，一直在不断克服困难的过程中探索开展服务。

（三）资源不足

资源是开展任何服务工作的重要基础，疫情下资源短缺的问题更加突出。疫情发生初期，防疫物资短缺一度带来较大挑战和困难，各类困境服务对象不仅缺防疫物资，而且缺生活用品，更有许多突发缺药、缺粮等需要紧急救助的应急服务情况。为了有效应对各类困境服务对象物资短缺的困难，广州社工不得不采取"社工+慈善"融合服务的策略，尝试通过策划设计诸如"爱心午餐""爱心礼包""暖心包"等公益慈善服务项目，激发更多企业和爱心人士的捐赠行为，从而解决服务对象的生活困难问题。

（四）能力不足

在疫情下开展服务，是广州绝大多数社工经历的第一次，由于缺乏应对经验，尤其是疫情下的应急服务工作难度极大，挑战大、风险高，广州社工只能在实践中探索开展服务工作，无论线上还是线下的服务，都很难做到高质量完成，疫情下开展应急服务的工作能力和水平有待进一步提升。

（五）政策不足

防疫控疫是一场遭遇战，社会工作者参与疫情防控是这场遭遇战催生的服务实践。该服务活动缺少政府部门的政策和制度化支撑与保障，服务的有效性和质量仍然有待进一步全面提升。后续需要进一步总结反思成败经验，并不断通过推动制度化建设，将社会工作者参与疫情防控的有效经验和做法予以巩固，并上升为政府部门的政策和制度，以便更好指导广州社工参与疫情防控工作，发挥更大作用。

五　广州社工参与疫情防控的经验启示

综上所述，过去两年，广州社工在疫情下的多元公益慈善服务是一种探索性的实践，有许多成功之处，但也面临诸多挑战和短板。从广州社工在疫情下的服务实践来看，其带来的启示有以下几点。

（一）"社工+慈善"融合发展是双赢之策

从 2017 年开始，在广州市民政局的悉心指导和支持下，广州社工全面贯彻落实"社工+慈善"融合发展的政策方针，推动社会工作和公益慈善融合发展。一方面，广州社工借助公益慈善支持政策，实现了对自身的赋能发展。广州的社会工作服务机构通过参与社区慈善捐赠站点、学雷锋站点建设和社区慈善基金建设，强化了自身的社会资源整合能力，提升了自身服务成效。另一方面，广州社工通过自身服务实践，推动了公益慈善活动在社区的举行，促进了社区慈善项目和募捐活动在社区的常态化发展，有效推动了社区公益慈善的快速发展。尤其是疫情下"社工+慈善"的融合服务实践，有效化解了许多困境人群的生活困难，取得了较好成效，也是对这一政策的有效检验。

（二）社工推动社区慈善发展具有优势

广州全市所有社工服务站均建立了"学雷锋志愿者服务站"和"慈善捐赠站"，积极探索培育社区基金、培育社区志愿者、培育社区慈善组织，搭建起广州社区公益慈善发展的常态化机制，为社区构建了"社工+慈善+志愿服务"的联动服务常态化机制，在倡导、推动社区公益慈善方面优势明显。

（三）社会工作服务有助于应急公益慈善服务体系建设

广州社工的抗疫服务实践充分说明，社工可以助推应急公益慈善服务体系建设。在过去两年的抗疫期间，广州全市社会工作者在市行业党委和市社会工作协会的引领下，线上成功搭建广州社工"红棉守护热线"公益热线网络，在服务市民的心理健康方面发挥了重要作用；线下通过参与疫情防控，适时策划实施了一系列社区公益慈善服务项目，并积极为独居孤寡、低保低收、困境儿童等困境群体提供应急救助服务。广州社工联合各类慈善组织、志愿者、企业、爱心居民等，构建了多元参与的社区应急公益慈善服务网络，有效应对了疫情下基层社区突发的一系列紧急状况，回应了各类困境群体的需要。

（四）社工是慈善服务精准化的促进者

广州社工常年服务在基层一线，采取"政府部门+社工+公益慈善"联动方式，整合政府、社工和公益慈善等多方资源，对各类困境服务对象实施优先照顾服务，采取分级分类服务的制度，为每一名兜底困境人士提供建档服务，并实行动态跟踪、定期探访、定期评估，精准实施困难救助、紧急救护、就业援助等服务，为全市孤寡长者、困境儿童、困境残障人士等兜底性服务对象搭建起综合化、专业化、精准化的民生救助保障网，可以高效、快速地将救助服务、慈善资源等精准地传递到服务对象手中。

年度热点篇

Hot Topics

B.10
党建引领慈善事业高质量发展的
广州实践

许雅惠*

摘　要： 2021年，广州慈善组织以庆祝中国共产党成立100周年
为主线，深入开展党史学习教育，扎实开展"我为群众
办实事"实践活动，持续实施"党建强、慈善红"行动
计划，着力打造"红心向党、善心为民"慈善惠民服务
品牌。围绕着党建+思想引领、党建+组织建设、党建+慈
善服务三大工作重点，广州慈善组织不断探索创新"党
建+慈善"模式，为广州慈善事业高质量发展提供了坚强
的政治保障和组织保障。

关键词： 党建引领　慈善事业　广州市

＊ 许雅惠，广州社会组织研究院研究人员，《广州社会组织》杂志编辑。

2021 年，广州慈善组织深入学习贯彻习近平总书记在庆祝中国共产党成立 100 周年大会上的重要讲话和党的十九届六中全会精神，以庆祝建党百年为主线，聚焦落实"学史明理、学史增信、学史崇德、学史力行"党史学习教育总要求，扎实开展"我为群众办实事"实践活动，以高质量党建促进慈善事业高质量发展。

一 党建引领广州慈善事业高质量发展的主要内容

广州在深化"羊城慈善为民"行动、创建"慈善之城"过程中，始终坚持党对慈善事业的全面领导，切实把忠诚拥护"两个确立"、坚决做到"两个维护"贯穿慈善工作全过程，引导慈善组织坚定不移听党话、跟党走。为不断增强慈善组织党组织的政治领导力、思想引领力、群众组织力及社会号召力，广州积极打造涵盖党建+思想引领、党建+组织建设、党建+慈善服务三大工作重点的"党建+慈善"模式，持续激发慈善事业高质量发展的原动力。

（一）党建+思想引领，深入开展党史学习教育系列活动

坚定不移地将思想政治建设摆在慈善工作首位，深入开展党史学习教育系列活动，推动慈善组织党组织在学思践悟上走在前列、做好示范，是广州打造"党建+慈善"模式的首要工作。广州慈善组织党组织推进实施"党建强、慈善红"行动计划，积极落实第一议题制度，通过组织开展党史学习教育专题组织生活会、党的十九届六中全会精神专题学习会、主题党日活动等政治理论学习专题活动，以及瞻仰革命遗址、参观主题展览、观看红色影视、唱响红色赞歌等革命传统教育活动，不断提高自身的政治判断力、政治领悟力和政治执行力。例如，2021 年 4 月 22 日，广州市慈善服务中心党支部、广州市福利彩票发行中心党支部、广州市慈善会党支部、广州市公益慈善联

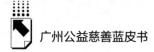

合会联合党支部在广州起义烈士陵园联合开展"党建强、慈善红"行动之"学党史缅怀先烈　勇担使命开新局"主题党日活动，市、区慈善会及慈善组织党组织代表 80 人参加，进一步提升了慈善组织党员的党性修养。

（二）党建+组织建设，推进慈善组织党建工作全面覆盖

持之以恒地推动慈善组织党的组织和工作从有形覆盖向有效覆盖转变，确保慈善事业发展沿着正确的政治方向，是广州打造"党建+慈善"模式的第二个工作重点。广州积极推进慈善组织党建摸排和组织建设"双同步"工作，实现慈善组织党组织"应建尽建、应联尽联、应纳尽纳"。探索创新慈善组织党组织设置方式和活动形式，落实建立慈善组织党组织第一书记制度。推动慈善组织将党建有关内容写入章程，推动党组织依据章程参与慈善组织议事决策，同时依法依规做好党务公开、财务支出以及慈善款物使用等工作，把廉洁自律贯穿慈善工作始终。

2021 年，广州慈善组织党建工作实现全覆盖。在此过程中，广州着力推动将党建工作站和党建指导员有机结合，为尚未建立和刚建立党组织的慈善组织提供专业的党建工作指导。例如，2021 年 10 月 21 日，广州市慈善服务中心党支部、广州市慈善会党支部召开广州市慈善组织党建指导员结对仪式暨党史学习教育"我为群众办实事"实践活动座谈会，发挥政府部门退休党员同志的经验优势，结对指导广州市妇女儿童福利会、广州市金丝带特殊儿童家长互助中心及海珠区慈善会开展党建工作。

（三）党建+慈善服务，促进慈善惠民服务项目提质增效

切实服务广州经济社会发展大局，扎实开展"我为群众办实事"实践活动，不断提升"红心向党、善心为民"慈善惠民服务项目实

施成效，是广州打造"党建+慈善"模式的第三个工作重点。2021年，广州市民政局部署实施15项"我为群众办实事"实践活动，将"两类儿童"关爱保护行动、"随约"社区服务质量提升行动、社会组织党建"红苗工程"攻坚行动、慈善为民惠民系列行动、广州社工助力乡村振兴行动、"我为群众送真情"志愿服务行动纳入其中。2021年，广州慈善组织累计开展"我为群众办实事"实践活动约7200场次，服务群众超过190万人次。2021年，广州首批16家社工服务机构对接实施30多个乡村振兴社工服务项目，为农村困难群众提供帮扶救助、疫情防控、生计发展、助农增收等服务逾33.4万人次，整合链接爱心物资折合价值超220万元，帮助农户增收超68万元。①

　　围绕着广州民政部门的工作部署，广州慈善组织积极发挥党建引领作用，在慈善救助、乡村振兴、疫情防控等领域涌现出许多典型案例，有效回应了困难群众的急难愁盼问题。例如，广州市慈善会自2019年起发起"微心愿·善暖万家"项目，通过"慈善+社工+志愿服务"模式收集困难群众"微心愿"，并与社会各界慈善资源实现精准对接。2021年，广州市慈善会"微心愿·善暖万家"项目共筹集款物约226.6万元，支出款物约272.6万元，累计实现11428户困难家庭的"微心愿"，受惠约27166人次。② 2021年，广州市慈善会党支部和广州市政府办公厅公文交换站党支部、广州市民政局社会救助处党支部及慈善社工处党支部结合"我为群众办实事"实践活动，联合发起"耆乐安居"微改造项目。广州市为本社会心理慈善服务中心党支部与其他企事业单位党支部积极开展党建结对活动，联动多

---

①　张慧珍：《"我为群众办实事"落实处，广州社工暖心服务市民和困境群体》，《广州社工》2022年第1期（总第89期），第7页。

②　王希文：《广州2021年"微心愿·善暖万家"为11428个困难家庭圆梦》，《慈善公益报》2022年2月19日，http：//zggywlx.cn/news/2022/0219/2620.html。

方资源，为疫情防控期间有需求的市民提供公益心理直播课和公益心理支持热线服务。广州市金丝带特殊儿童家长互助中心党支部为组织可持续发展找准了战略定位，聚焦扎根广州 12 家医院 14 个病区，每年为超过 1000 名在穗治疗的癌症儿童提供专业服务和支持。广州市正佳慈善基金会党支部积极汇聚社会爱心力量，在疫情防控、乡村振兴、帮扶困难群众等领域持续开展慈善服务，累计募集捐赠资金及物资价值近 8000 万元，参与捐赠的爱心企业超过 200 家，慈善受益人数超过 150 万人。①

二 党建引领广州慈善事业高质量发展的机制探索

在实施上述重点工作的过程中，广州重点推进党建制度、党建平台、党建品牌等方面的体制机制建设，初步形成了具有广州特色的党建引领慈善事业高质量发展工作路径。

（一）加强制度建设，完善党建引领慈善事业高质量发展的行动指引

建立健全慈善组织党建工作的基础制度，为慈善组织党组织发挥政治领导力、思想引领力、群众组织力及社会号召力提供行动指引，是广州打造"党建+慈善"模式的首要工作机制。广州始终把慈善组织党建工作作为基层党建和慈善工作的重点，对标新时代党中央对慈善组织党建工作的决策部署和广东省委、广州市委工作要求，健全完善慈善组织党建工作体制机制。

2021 年 4 月印发的《广州市加强党的基层组织建设三年行动计

---

① 付怡：《广州市正佳慈善基金会——党建引领慈善服务　汇聚社会爱心力量》，《羊城晚报》2022 年 5 月 22 日，第 T27 版。

划（2021—2023 年）》要求重点抓好实施"两新"组织党建有效覆盖提质行动、推进"党建+"民生实事优化提升行动等十大行动，以及建立健全政治理论学习长效机制、"令行禁止、有呼必应"党建引领基层共建共治共享社会治理机制等十项机制。广州市社会组织管理局、广州市社会组织党委同期印发了社会组织党史学习教育学习培训工作方案，部署推动全市社会组织党员以习近平总书记在党史学习教育动员大会、庆祝中国共产党成立 100 周年大会、党史学习教育总结大会上的重要讲话精神以及党史、新中国史、改革开放史、社会主义发展史等为主要学习培训内容，采取自主学习和集中交流研讨相结合、专题宣讲和线上线下培训相结合等方式开展学习培训。

（二）搭建支持平台，加强党建引领慈善事业高质量发展的资源保障

着力推进各类枢纽平台建设，为慈善组织提升党建工作水平提供基础保障，是广州打造"党建+慈善"模式的第二项重要工作机制。一是推动建设 21 个社会组织党建示范（党员教育）基地，为慈善组织开展党史学习教育提供了重要阵地，推动慈善组织党员服务管理实现高效覆盖。

二是推动设立慈善项目资助平台，为各类党建+慈善服务项目提供经费资助。例如，2021 年，由广州市慈善会和广州市广益联合募捐发展中心共同主办、广州市福利彩票发行中心冠名、香江社会救助基金会爱心支持的第七届广州市福彩公益慈善项目大赛暨 2021 年网络筹款大赛活动，投入 350 万元资助全市 46 个优质慈善项目，"党建+慈善"成为其中重要资助方向。广州市慈善会、广州市善城社区公益基金会、广东省敏捷公益基金会联合开展的第二届"创善·微创投"广州市社区公益微创投活动共资助 34 个慈善项目，其中有 9

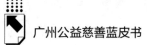
个项目融入了党员志愿者基层服务。例如，广州市大家社会工作服务中心通过搭建党群互助社平台，精准帮扶社区困难群体；广州市天河区启智社会工作服务中心招募社区党群志愿者，共同解决老旧社区楼道扶手问题。

三是发挥枢纽型组织和支持型组织的桥梁纽带作用，为慈善组织有效开展党建工作和慈善服务提供全方位支持。例如，在开展"我为群众办实事"实践活动及"红心向党、善心为民"慈善惠民服务项目过程中，广州市慈善会、广州市公益慈善联合会、广州市慈善组织社会监督委员会以及广州市社会组织联合会、广州市志愿者协会、广州市社会工作者协会、广州市广益联合募捐发展中心等组织的关键节点作用尤为凸显。

（三）培育党建品牌，强化党建引领慈善事业高质量发展的示范带动

重视培育慈善组织党建品牌，强化党建引领慈善事业高质量发展的示范带动作用，是广州打造"党建+慈善"模式的第三项重要工作机制。2021年1月，广州市社会组织联合会党委正式挂牌广东省"两新"组织党建工作示范点。2021年6月，广州市慈善会党支部被广州市社会组织党委评为"2021年度广州市先进基层党组织"。2021年12月，"红心向党、善心为民"行动和《汇聚广州社工力量助力乡村振兴》案例被广东省民政厅评为"广东社会组织党建优秀案例"。这些党建品牌反映出广州慈善组织"两个覆盖"质量不断提升，有利于更充分地发挥慈善组织党组织的战斗堡垒作用和党员的先锋模范作用，持续增强慈善事业发展的原动力。

三 党建引领广州慈善事业高质量发展的经验启示

2021 年，广州慈善组织坚持把政治建设作为首要任务常抓不懈，结合党史学习教育及"我为群众办实事"实践活动，有序推进党建+思想引领、党建+组织建设、党建+慈善服务等领域重点工作，聚焦强化慈善组织的思想引领能力，提高组织建设水平以及慈善服务效能。总体来说，广州的"党建+慈善"模式为新时代党建引领慈善事业高质量发展提供了"广州样本"，其主要经验启示如下。

第一，以政治建设为首，筑牢慈善组织的思想根基。始终将学习贯彻习近平新时代中国特色社会主义思想和习近平总书记关于慈善工作的重要指示批示精神作为慈善组织党组织的第一议题和"三会一课"的主要内容，同时将增强"四个意识"、坚定"四个自信"、做到"两个维护"纳入慈善组织党建、登记、发展、监督等工作全过程，引导慈善组织从中汲取向上向善的思想力量。

第二，创新党组织设置方式，提升慈善组织的治理水平。贯彻落实党中央、广东省委及广州市委关于加强党的基层组织建设的统一部署，探索设立慈善组织党组织第一书记制度和党建指导员机制，同时推动党建工作与慈善组织业务工作深度融合，推动党组织参与慈善组织议事决策，实现慈善组织党建工作有效覆盖。

第三，服务中心大局，增强慈善项目的惠民实效。以各类慈善活动为载体，扎实开展"我为群众办实事"实践活动，充分发挥慈善力量在全面推进乡村振兴、巩固拓展脱贫攻坚成果、全面建设社会主义现代化国家中的积极作用，着力解决好群众急难愁盼问题。

第四，重视品牌建设，发挥慈善组织党建工作的示范引领作用。注重加强"党建强、慈善红""红心向党、善心为民"等慈善组织党

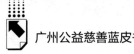
建品牌的选树、培育和宣传力度，打造一批慈善组织党组织示范点、一批慈善组织党员先锋示范岗、一批慈善组织优秀党务工作者、一批慈善组织优秀党员、一批有影响力的慈善党建项目，推动"党建强、服务强"慈善组织创新发展共同体建设不断走深走实。

B.11
"慈善之区"创建的番禺探索

邓榕兰*

摘　要： 2021 年 5 月，番禺区积极响应广州市深化"慈善之城"创建的决策部署，在全市率先启动创建"慈善之区"，并于 9 月印发《番禺区创建"慈善之区"工作方案（2021—2023 年）》。在具体实践过程中，番禺区充分发挥慈善会的枢纽作用，通过推进慈善支持网络建设、大力培育发展社区基金、不断拓宽慈善募捐渠道、打造区级公益创投品牌等举措，有力促进了番禺区慈善事业的创新发展。

关键词： 慈善之区　社区基金　公益创投　番禺区

2021 年 5 月 15 日，广州市番禺区启动"慈善之区"建设。番禺区慈善工作一直走在广州市前列，慈善综合发展指数连续两年位居全市第一，相关创新实践为广州乃至广东慈善事业发展提供了宝贵经验。进入新发展阶段，"慈善之区"创建工作进一步深化了番禺区"五社联动"社区治理模式，能够有力促进番禺区慈善事业的高质量发展。

---

* 邓榕兰，广州社会组织研究院研究人员。

一 番禺区创建"慈善之区"的优势条件

（一）番禺区拥有良好的政策支持环境

党的十九届四中全会通过的《中共中央关于坚持和完善中国特色社会主义制度 推进国家治理体系和治理能力现代化若干重大问题的决定》提出"重视发挥第三次分配作用，发展慈善等社会公益事业"。这是党中央首次明确将第三次分配作为收入分配体系的重要组成部分，确立了公益慈善事业在我国经济社会发展中的重要地位。

为全面贯彻落实《中华人民共和国慈善法》和广东省、广州市关于促进慈善事业健康发展的有关精神，响应广州市创建"慈善之城"的工作部署，番禺区人民政府在 2021 年 9 月印发《番禺区创建"慈善之区"工作方案（2021—2023 年）》，将创建"慈善之区、幸福番禺"工作纳入番禺区城市整体发展战略。方案包括工作目标、重点任务、组织实施和保障措施四大部分，其中 8 项重点任务共 23 条细则为创建"慈善之区"提供了详细指引，推动构建党委领导、政府管理、行业协作、公众参与的具有番禺特色的现代慈善公益体系，打造慈善事业发展"番禺模式""番禺经验"。①

（二）番禺区慈善组织发展基础较好

截至 2021 年 12 月 31 日，番禺区社会组织总数达到 811 家。其中，认定和登记的慈善组织共有 27 家，居广州各区首位。特别值得

---

① 《番禺区创建"慈善之区"工作方案（2021—2023 年）》，广州市番禺区人民政府门户网站，2021 年 9 月 11 日，http://www.panyu.gov.cn/zwgk/fzqrmzfgb/2021n/2021d3q/qzfwj/content/post_ 7850834. html。

提出的是，番禺区慈善会在推动区域慈善事业发展中的枢纽和平台作用发挥明显。番禺区慈善会成立于2001年，具有公开募捐资格和公益性捐赠税前扣除资格。2021年5月15日，番禺区启动创建"慈善之区"之时，也正值番禺区慈善会成立20周年。2001年成立至2021年5月，番禺区慈善会累计募集善款6.45亿元，支出善款5.27亿元，实施了1300多个慈善项目、设立了300多个慈善基金、提供了近3万宗慈善救助，服务范围覆盖20多个地区。①

番禺区慈善会坚持以"帮扶困难群众及其他有需要的个人"为宗旨，紧扣"慈善为民"核心理念，积极开展各项慈善工作。近年来，打造形成了"慈善+"系列品牌，覆盖了"慈善+扶贫济困""慈善+医疗救助""慈善+扶老""慈善+社会公益创投""慈善+运动筹款""慈善+互联网"等多样化的领域，并推动番禺区社区慈善基金实现275个社区全覆盖，助力构建"五社联动"共治生态圈。

（三）番禺区本土慈善氛围浓厚

番禺区拥有悠久的慈善文化传统和历史，特别是改革开放以来，许多爱心企业和社会各界人士为番禺区慈善事业发展作出了极大贡献。例如，长隆集团定向捐赠支持大石街公益慈善事业；敏捷集团连续五年冠名赞助番禺区中小学生诗词大会，助力传统文化传承；星河湾集团蝉联两届"中华慈善奖"。② 这些爱心企业活跃在番禺公益慈善事业的各个方面，履行社会责任，彰显企业担当。在浓厚的慈善氛围影响下，番禺区的普通市民群众通过多种形式，积极踊跃投身慈

---

① 《汇聚慈善力量　不负使命担当！番禺区慈善会举行20周年回顾与展望系列活动》，广州市番禺区慈善会官网，2021年12月17日，http://www.pycs.org.cn/article-15154.html。
② 《番禺区创建"慈善之区"工作》，广州市番禺区人民政府门户网站，2021年11月24日，http://www.panyu.gov.cn/hdjlpt/live/index.php?pid=2172。

善,带动身边更多人参与到慈善活动中,"人人慈善为人人"的慈善理念日渐深入人心。

二 番禺区创建"慈善之区"的创新亮点

(一)推进慈善支持网络建设

番禺区共有 800 多家社会组织,为番禺区创建"慈善之区"提供了良好的组织力量。在"慈善之区"建设中,番禺区逐步搭建起"区慈善会+镇(街)慈善会(社区社会组织联合会)+社区基金管委会"三级全覆盖的慈善支持网络。

(二)大力培育发展社区基金

番禺区创新开展"五社联动"共治生态圈建设,在广东省率先实现区县级村居社区基金全覆盖。番禺区专门制定出台了《关于大力推动社区基金发展的指导意见(试行)》,对社区基金的设立与运营管理等予以规范指引。① 此外,由番禺区慈善会牵头制定的《社区慈善基金运行指南》团体标准,由中国慈善联合会正式对外发布。

(三)不断拓宽慈善募捐渠道

2021 年,番禺区首次开展"社区基金+99 公益日"活动。通过设置慈善资金配捐激励机制,推动社区基金开展网络募捐,深化"慈善+互联网"公益慈善新模式。活动期间,番禺区 65 个社区基金

---

① 《关于大力推动社区基金发展的指导意见(试行)》,广州市番禺区人民政府门户网站,2020 年 7 月 31 日,http://www.panyu.gov.cn/gzpymz/gkmlpt/content/6/6477/post_ 6477289. html#1364。

共募集善款 64.85 万元，9439 人次参与活动。[1] 此外，番禺区持续举行全区"慈善健康行"活动，将慈善融入运动，联合政、商、社等各界力量共同参与，汇聚各方爱心力量。番禺区还积极建立慈善冠名基金和定向捐赠专项项目，为企业、个人及各类团体慈善捐赠提供多元化选择。

（四）打造区级公益创投品牌

番禺区连续六年举办公益慈善创投项目大赛，重点资助救助、帮困、为老、助残、青少年服务、异地务工人员关爱等公益项目，累计资助项目 145 个，投放慈善资助金 1359.14 万元，直接服务（受益）辖区居民达 10 万人次。成功培育一批具有社会影响力的创新公益慈善项目，打造政府、慈善组织、创投主体、社会公众四方共创共投、共建共享、协同善治的公益创投"番禺模式"。[2]

三 "慈善之区"创建的经验启示

番禺区探索创建"慈善之区"的思路和举措给我们带来了许多可供思考和借鉴的经验启示。

第一，强化"慈善之区"建设的顶层设计。番禺区高度重视慈善事业体制机制建设，出台了多个促进慈善事业发展的政策文件。2019 年出台《番禺区关于改革社会组织管理制度促进社会组织健康有序发展的实施方案》，2020 年出台《关于大力推动社区基金发展的指导意见（试行）》，2021 年修订《番禺区社会组织培育发展专项

---

① 《番禺区全力打造广州市首个"慈善之区"》，广州市番禺区慈善会官网，2022 年 1 月 10 日，http：//pycs.org.cn/article-15207.html。
② 《番禺区全力打造广州市首个"慈善之区"》，广州市番禺区慈善会官网，2022 年 1 月 10 日，http：//pycs.org.cn/article-15207.html。

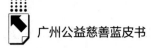

资金管理暂行办法》，持续落实 180 万元社会组织财政专项资金支持。2021 年，番禺区出台广州市首个区级层面的"慈善之区"创建方案。这些文件的出台，为创建"慈善之区"提供了良好的政策环境。

第二，推进实施慈善品牌培育战略。首先，番禺区深入开展"五社联动"共治生态圈建设，特别是大力培育发展社区基金，整合和动员社区多元资源。番禺区在社区基金领域的探索实践在全国产生了广泛影响。其次，不断拓宽慈善资金募捐渠道，建立慈善冠名基金与定向捐赠专项项目，有效发挥慈善资金在扶老、救孤、恤病、助残、扶贫、济困、优抚等方面的作用。最后，番禺区慈善会充分发挥区域慈善枢纽作用，践行"募用分离"模式，连续多年举办公益慈善创投项目大赛，资助和支持社会组织打造公益慈善品牌项目，撬动社会多元资源，形成专业科学、共建共享的项目实施机制。

第三，促进慈善融入市民日常生活。番禺区大力建设慈善宣传矩阵，通过自媒体平台、新闻媒体等传播渠道，全方位宣传报道番禺慈善事迹和慈善人物，营造浓厚的慈善氛围。为全面展现番禺慈善品牌和形象，提高市民群众的慈善参与度，番禺区向社会公开征集番禺区"慈善之区"创建活动主题名称，市民群众踊跃投稿，社会反响热烈。此外，开展"社区基金+99 公益日"活动，创新举办线上"慈善健康行"活动，通过"互联网+运动+慈善"模式，将慈善融入运动，让市民群众既感受到了运动带来的快乐，也实现了"指尖公益"的精神愉悦，营造人人慈善、快乐慈善的良好社会氛围。

B.12
"羊城慈善月"与慈善文化营造
分析报告

许雅惠 *

摘　要： 2021年9月是广州市首个"羊城慈善月"，广州市区紧密联动，由政府搭台，整合各方资源，引导社会多元主体广泛参与，通过开展慈善法规宣讲、慈善募捐、慈善典型宣传、主题论坛研讨等不同类型的活动，充分对外展示广州"慈善之城"的创建成果，让市民群众能够更近距离地了解并参与慈善。为进一步普及"人人慈善为人人"的理念，建议加强社区慈善文化传播工作，让慈善文化在社区落地生根，有效激发社区慈善活力。

关键词： 羊城慈善月　慈善文化　广州市

《广州市慈善促进条例》规定每年9月为"羊城慈善月"，要求广州市各级民政部门应当组织开展慈善活动，推介慈善项目，宣传慈善文化，普及慈善知识，推广使用慈善标志、慈善吉祥物，以及开展慈善家庭、慈善榜征集评选活动。2021年9月是广州市首个"羊城慈善月"，全市各级民政部门和慈善组织举办各类慈善活动，积极营

---

* 许雅惠，广州社会组织研究院研究人员，《广州社会组织》杂志编辑。

造"人人慈善为人人"慈善文化氛围。[①] 在活动期间，广州市结合"中华慈善日""99公益日"等重要慈善节日节点，积极搭建慈善活动平台，推动社会各界踊跃参与，在全市范围内开展了30余项重点慈善活动。通过宣讲培训、论坛沙龙、志愿服务、慈善募捐等形式，推介慈善项目，组织慈善募捐，讲解慈善法规政策，促使慈善文化"飞入寻常百姓家"。

一 "羊城慈善月"的主要内容

2021年9月1日，围绕"汇聚慈善力量，助力乡村振兴"这一主题，由广东省民政厅、广州市民政局主办，广州市慈善服务中心、广州市慈善会、广州市公益慈善联合会等多方承办的第六个"中华慈善日"活动暨首个"羊城慈善月"活动正式启动。启动仪式上，广东省民政厅联合21个地级以上市民政局、慈善会录制视频，通过线上的形式，共同启动第六个"中华慈善日"活动。同时通过"现场主会场+网络直播"的方式，为首个"羊城慈善月"活动宣传造势。[②] 省市民政部门在活动中实现有效联动，大力弘扬了慈善文化，进一步提升了本次活动的社会影响力。活动现场不仅发布了广州慈善宣传片，设立了助力乡村振兴慈善基金，启动了"红心向党、善心为民"行动，同时也公布"羊城慈善月"的一系列重点活动，充分展示了广州慈善品牌，营造"人人慈善为人人"的良好社会氛围（见表1）。

---

① 《首个"羊城慈善月"，广州将开展35项慈善活动》，《潇湘晨报》2021年9月1日，https：//baijiahao. baidu. com/s？id = 1709634271245982930&wfr = spider&for = pc。

② 《广州市慈善会助力乡村振兴慈善基金设立向乡村传递慈善力量》，《潇湘晨报》2021年9月3日，https：//baijiahao. baidu. com/s？id = 17098738132966137 69& wfr = spider&for = pc。

表1 "羊城慈善月"重点慈善活动（部分）①

活动名称	活动内容
《广州市慈善促进条例》宣讲	2021年9月,持续举办《广州市慈善促进条例》法规宣讲会,邀请慈善领域的专家学者等围绕《广州市慈善促进条例》出台的背景、立法过程、创新亮点等进行深入解读,全市民政系统、市区相关职能部门、街道、社工机构、慈善组织、慈善空间主体等人员积极参加培训。
"中华慈善日"标志推广宣传	2021年9月,"点亮一盏灯,温暖一座城"活动持续开展,天河、白云、黄埔、番禺、从化等9个区分别在广州塔、广州圆大厦等地标性建筑点亮显示屏,通过连片的建筑外立面,对"中华慈善日"活动主题、活动标志进行宣传。
第五届慈善"公众开放日"	2021年9月5日,广州慈善"公众开放日"由广州市慈善服务中心、广州市慈善会、广州市公益慈善联合会、广州市广益联合募捐发展中心联合主办,主张以"互联网+"形式设立"阳光账单",让"有温度""可信赖的"慈善生态触达更多市民群众。
困境儿童慈善全民捐活动	2021年9月5日,由广州市慈善会、南方医科大学珠江医院主办的困境儿童慈善全民捐活动启动仪式顺利举行,广州市慈善会设立"暖心惠童"未成年人关爱帮扶基金、珠江医院小儿脑病基金,并为珠珠慈善医疗平台珠江医院医护志愿服务队授旗,广州市慈善会副会长单位广汽集团率先向广州市慈善会困境儿童项目捐赠20万元,"羊城慈善月"困境儿童慈善全民捐活动全面开启。其中,"暖心惠童"未成年人关爱帮扶基金,聚焦广州市户籍6~18周岁困境儿童,通过资金资助,以及联合慈善组织和社会服务机构开展困境儿童关爱相关项目等形式,缓解困境儿童就医、上学等压力;珠江医院小儿脑病基金则主要帮助在珠江医院治疗的患小儿髓母细胞瘤和脑积水贫困儿童,最高资助金额为3万元/人。
"善城汇爱"慈善惠民活动	2021年9月7~9日,广州市慈善会、广州市广益联合募捐发展中心联合主办2021年"善城汇爱"慈善惠民活动,深度结合"99公益日"活动,携手50余家机构、98个社区慈善基金,上线优质慈善项目51个,发起子计划136个,汇聚广州超15万爱心人士的力量,筹集善款约1237万元。本次活动提供了260万元项目配捐资金,发动了爱心企业39家,有26名爱心企业代表成为活动宣传大使。

① 《让慈善"飞入寻常百姓家"——首届"羊城慈善月"圆满收官》,《慈善公益报》2021年11月9日, https://baijiahao.baidu.com/s? id=1715915495676742276 &wfr=spider&for=pc。

活动名称	活动内容
公益慈善嘉年华	2021年9月23~25日,广州市慈善会联合广州市广益联合募捐发展中心举办第六届线上公益慈善嘉年华活动,以"广益联募"平台的"互联网+科技+慈善"线上模式,营造"指尖慈善"氛围。本次活动共有46个入围第七届广州市福彩公益慈善项目大赛的公益慈善项目参与筹款,参与捐赠达65459人次,筹款额超165万元。
广州地区2020年度慈善组织透明度发布会	2021年9月30日,广州市慈善组织社会监督委员会发布了2020年度广州地区慈善组织透明度排行榜榜单。2020年度,广州地区共有186家慈善组织参与透明度评价,比上一年增加44家;慈善组织平均得分为110.45分(满分为150分),得分率为73.63%,较2019年度的得分率(68.19%)有明显提高;61家慈善组织获评透明度A等级,占比逐年增加。
"最美慈善家庭"学习宣传	开展广州市2021年寻找十大"最美慈善家庭"活动,举办"最美慈善家庭"宣讲,由往届"最美慈善家庭"获得者组成宣讲团,传颂慈善好家风。
2021广州基金会秋季论坛	2021年9月26日,"2021广州基金会秋季论坛"以"发挥基金会公益引擎作用,助力乡村振兴"为主题,采用"线上+线下"方式举行。

除市一级重点活动外,各区也结合辖区实际情况,开展"羊城慈善月"系列活动。例如,海珠区鼓励有兴趣的市民群众通过"自行徒步+线上捐赠"的方式,开展"乐善行线上公益徒步"活动,共同践行"快乐、慈善、同行"的公益理念。天河区开展助力对口帮扶地区乡村振兴公益宣传行动,同时通过志愿者派送和展示慈善读本普及慈善知识,让慈善"三个一"(读一本慈善书、上一堂慈善课、做一件慈善事)走进花城广场党群服务站,向街坊、游客宣传"中华慈善日""羊城慈善月"。

广州市及各区结合中秋节、重阳节等传统节庆,为困境人群及长者送去节日的问候与关怀。例如,2021年,广州市慈善会联合美心食品(广州)有限公司,共同开展"微心愿·善暖万家"中秋美心情活动；越秀区举行"中秋佳节·团圆广卫"北京街中秋节社区探访活动；黄埔区举行"埔善为民，中秋微心愿"关爱散居居家特困人员、特殊困难重度残疾人活动；白云区举行"惠众健康行，名医进社区"活动等。

二 "羊城慈善月"营造慈善文化的工作模式

首个"羊城慈善月"由政府搭台，整合了多方资源，联合省、市、区各级民政部门，引导慈善组织、社工机构、企事业单位、社区慈善基金等不同主体广泛参与，通过开展政策法规宣讲、主题论坛研讨、慈善募捐、慈善社会监督、慈善典型宣传、志愿服务等不同形式的高密度活动，充分对外展示了广州"慈善之城"的创建成效，在全市范围内营造"人人慈善为人人"的慈善氛围，让市民群众能够更近距离、更集中地了解并参与公益慈善。

（一）结合重要慈善节日节点

在"中华慈善日""99公益日"等慈善领域的重要节日节点，举办如"中华慈善日暨羊城慈善月启动仪式"、"困境儿童慈善全民捐活动启动仪式"、慈善"公众开放日"、慈善组织透明度发布会等一系列标志性活动，多维度集中提升城市慈善的显示度。

（二）搭建全民慈善参与平台

依托"99公益日""广益联募"等成熟的公益参与平台，结合品牌慈善项目募捐活动，增强"羊城慈善月"的参与性、互动性、体验感，带动更多主体参与。首个"羊城慈善月"注重引导各区将慈善资源向基层倾斜，激发社区慈善活力。与此同时，依托大型地标建筑、慈善空间、移动公共交通及固定线下广告位等不同阵地或场

景，以媒体宣传、候车亭广告与视频等形式，大力宣传推广慈善组织及服务项目，传播慈善文化，营造浓厚的慈善氛围。

（三）彰显慈善组织公信力

倡导慈善组织于下一年度上半年及时公开年度工作报告、慈善公益项目开展情况、重大募捐情况、财务报告等内容，通过公众开放日，与市民群众形成良好互动，打造诚信慈善、阳光慈善品牌，提升公众对慈善组织的信任度。同时，通过举办年度慈善组织透明度发布会，向社会公众集中展示慈善组织的透明度建设情况，引导慈善组织规范化、公开化运作，促进慈善组织自律，增强慈善组织的公信力。

（四）丰富立体化活动形式

通过集中培训宣讲、线上解读视频传播、组建宣讲讲师团等形式，推动地方慈善法规的普及；通过举办论坛、沙龙等形式，探讨及交流慈善事业发展关键议题，推广广州慈善发展经验。同时，积极组织"最美慈善家庭"走进社区、走进慈善空间活动，以线下活动带动慈善家风走进广州各个角落，发挥慈善榜样的示范引领作用，营造"人人可慈善、人人为慈善、人人做慈善、人人分享慈善"的良好社会风尚，使慈善理念深入人心。

三 推动"羊城慈善月"持续营造慈善文化的建议

"慈善之城"的落脚点是社区慈善，慈善文化的生命力也根植于社区慈善中各方广泛、深入而持续的参与。首个"羊城慈善月"已在全市范围内凭借其多元化的参与主体、丰富的活动形式及内容、较强的参与性及体验感，让市民群众更便捷地接触和参与慈善。为进一步普及"人人慈善为人人"的慈善理念，营造浓厚的慈善氛围，充分发挥慈善文化的影响力，"羊城慈善月"应逐步重心向下，畅通慈善文化营造的社区参与渠道。

第一，在继续加强市区联动的基础上，更加有效地整合各参与主体力量，将活动下沉街道和社区，并提前通过线上线下相结合的方式，做好宣传预热，带动更多社区居民了解"羊城慈善月"。此外，在继续举办全市范围内具有较高显示度的大型慈善活动的基础上，结合"羊城慈善月"及当月节庆节日，打造一批兼具参与性、趣味性及体验感，具有一定规模、覆盖度以及鲜明社区特色的慈善活动，吸引更多社区居民积极参与。

第二，依托"99公益日""广益联募"等公益参与平台，整合社区资源，激活社区慈善基金，推介一批在社区居民身边触手可及的优质社区慈善项目，引导社区多元主体关注社区慈善发展。此外，在继续依托地标建筑、公共交通等不同载体做好相关宣传的基础上，鼓励社区依托各类慈善空间、社区慈善（志愿）工作站，宣传社区慈善文化，推动慈善法规、慈善家庭等进社区，在社区普及依法行善的理念，形成崇德向善的良好氛围。

第三，2021年"羊城慈善月"系列活动的举办方主要是广州市、区慈善会，广州市公益慈善联合会，广州市广益联合募捐发展中心等组织，其他类型社会组织的参与略显不足。建议探索采取活动征集模式，在每年"羊城慈善月"前夕，向社会广泛征集各类慈善活动，增加慈善活动密度，扩大慈善活动规模，提升"羊城慈善月"的综合影响力。

B.13
《广州市慈善促进条例》
普法模式的创新探索

严国威 *

摘　要：　2021 年，随着民政事业发展"十四五"规划和法治宣传
教育"八五"规划正式开启，广州慈善事业法治建设迎
来了重大战略机遇。《广州市慈善促进条例》自 2021 年
9 月 1 日起正式施行，进一步夯实了广州慈善事业高质
量发展的法治基础。为深入学习宣传和贯彻落实《广州
市慈善促进条例》，广州市积极构建系统内普法与社会普
法相并重、普法宣传与执法实践相结合的多维度普法工
作体系，探索创新多样化普法工作方法，持续提升普法
工作实效性，推进普法工作场景化，实现普法工作立体
化，有效增强了全民慈善法治观念。

关键词：　地方慈善立法　普法　广州市

　　2021 年是广州慈善事业法治化进程中具有特殊意义的一年。这
一年，《广州市慈善促进条例》（以下简称《条例》）正式施行。
《条例》将广州创建"慈善之城"的多项探索实践以立法形式予以确

---

　　* 严国威，广州社会组织研究院研究人员。

立，进一步夯实了广州慈善事业高质量发展的法治基础。[①] 为深入学习宣传和贯彻落实《条例》，广州民政部门及相关社会力量积极构建多维度普法工作体系，创新探索多样化普法工作方法，有效增强了全民慈善法治观念。

一 积极构建多维度普法工作体系

（一）建立健全普法工作制度，全面落实普法责任制

为适应新时代普法工作需要，广州市贯彻落实党中央关于全面依法治国的重大决策和工作部署，加快健全党委领导、政府主导、人大监督、政协支持、部门各负其责、社会广泛参与、人民群众为主体的法治宣传教育领导体制和工作机制。在此背景下，广州各级民政部门自觉运用法治思维和法治方式谋划推动慈善事业高质量发展，全面落实"谁执法谁普法""谁服务谁普法""谁主管谁普法"的普法责任制。

2021年以来，广州主要开展了如下重点工作。一是全面加强党对慈善法治工作的领导，严格要求各级民政部门党政主要负责人切实履行法治建设第一责任人职责，带头尊法学法守法用法。二是切实发挥慈善工作联席会议制度的协调作用，推动各级政府相关职能部门围绕《条例》普法宣传及配套政策制定形成工作合力。三是完善民政部门普法责任清单制度，明确将《条例》普法工作纳入广州市民政局2021年度普法责任清单，在界定普法对象、普法目标、工作举措以及责任部门的同时，全面落实"谁执法谁普法"责任单位年度履职报告评议制度，保障普法工作的执行效果。

---

① 《这个条例9月起施行！广州首次以立法形式确定"创建慈善之城"》，羊城派，2021年9月1日，https：//baijiahao.baidu.com/s？id＝1709669754616466349&wfr＝spider&for＝pc。

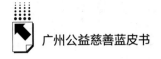

（二）加强系统内学法用法，提高民政队伍法治素养

自《条例》出台以来，广州各级民政部门积极落实国家工作人员学法用法制度，通过开展多种形式的法治宣传教育活动，加强系统内工作人员学法用法。一是健全各级民政部门党组理论学习中心组学法制度，将依法行政和普法宣传教育工作列入议事日程，将《条例》等法律法规纳入党组理论学习中心组学习内容。二是完善日常学法制度，通过印发全年普法工作要点、组织局务会议、邀请法学专家专题授课等形式，集中学习《条例》等法律法规，推进民政工作人员学法用法常态化。三是推进落实新出台的国家法律和党内法规学习培训制度和评估机制，把法治素养和依法履职情况纳入考核评价干部的重要内容，让尊法学法守法用法成为民政队伍必备素养。

（三）促进普法执法相融合，将普法融入法治实践全过程

坚持普法宣传与执法实践相结合，在执法实践和法律服务中加强《条例》宣传教育，推动将《条例》普法工作融入法治实践全过程，成为广州民政部门构建《条例》多维度普法工作体系的重要原则。这一方面表现为，广州民政部门在持续部署推进打击整治非法社会组织、规范社会组织法人治理等专项行动过程中，贯彻落实行政执法公示、执法全过程记录、重大执法决定法制审核三项制度，同时积极向被执行对象宣传《条例》的相关规定。另一方面则表现为，广州民政部门持续推进法治队伍建设，全面实行行政执法人员持证上岗和资格管理制度，加强包括《条例》在内的执法培训，提升规范执法能力。

（四）鼓励社会力量公益普法，强化全民慈善法治观念

坚持系统内普法与社会普法相并重，充分运用社会力量开展公益

普法,是广州民政部门构建《条例》多维度普法工作体系的另外一项重要原则。这一方面表现为,积极发挥群团组织和社会组织在普法中的作用,畅通和规范市场主体、新社会阶层、社会工作者和志愿者等参与普法的途径。近年来,广州社会组织在服务经济社会发展、推动法治社会建设过程中持续发挥积极作用,广州市巾帼社会工作服务中心、广州青年志愿者协会、广州市律师协会等7家社会组织获评入选广州市"七五"普法工作示范项目。广州市民政局从2021年9月中旬开始在全市11个区开展《条例》解读巡回宣讲,广州市公益慈善联合会和各区慈善会具体承担了相关组织工作,充分发挥了行业枢纽平台作用。①

另一方面则表现为,加强普法讲师团建设,充分发挥法律实务工作者、学者、行业专家的专业优势。2021年9月,广州市民政局、广州市慈善服务中心推动组建《条例》普法讲师团,首批聘请的5名讲师分别来自民政部门、高等院校、律师事务所、律师协会以及社会智库,在慈善领域政策解读与实务方面具有丰富经验,成为实现《条例》宣讲全市11个区全覆盖至关重要的力量。

二 探索创新多样化普法工作方法

(一)抓实重点条款解读,提高普法工作实效性

围绕广州慈善事业发展的热点和难点问题,面向各级民政部门工作人员、基层政府部门工作人员、慈善组织从业人员以及慈善活动服务对象,有针对性地对《条例》相关条款进行解读,成为《条例》

---

① 《慈善政策知识要普及,广州民政有妙招》,《潇湘晨报》2022年6月15日,https://baijiahao.baidu.com/s?id=1735701343091302238&wfr=spider&for=pc。

普法工作的首要方法。一是按照"公开为原则、不公开为例外"的原则，依托民政部门官方网站和新媒体平台，主动向社会公开包括《条例》在内的慈善领域政策法规。同时，通过文字解读、音频解读、新闻宣传等方式，对《条例》重点内容进行深度解读。二是结合广州慈善事业发展的实际情况，广州市民政局逐条检视《条例》规定的相关制度举措，推动编制《广州市慈善组织实施公益创投流程指引（试行）》《广州市慈善捐赠（捐款）协议范本（试行）》等配套文件，丰富了《条例》的普法内容。① 三是精准定位广州慈善事业发展的难点和痛点，邀请专家进行更具针对性的解读和讲授，不断提升《条例》普法培训的实效性。

（二）拓展法治宣传阵地，推进普法工作场景化

为提升普法工作的实施效果，《条例》普法工作尤为重视拓展多元化法治宣传阵地，以适应普法工作的不同场景，全方位推动《条例》进机关、进企业、进学校、进社区。一是充分发挥广州市、区慈善会以及广州市公益慈善联合会的行业枢纽平台作用，拓展慈善组织宣传阵地。二是有效整合社区资源，发挥村（居）民委员会、社区社会组织、社会工作机构、社区志愿者的节点作用，结合党群服务中心、慈善社区捐赠站点、慈善空间、志愿者驿站等对外窗口功能，拓展社区宣传阵地，通过发放宣传手册、悬挂横幅、张贴海报、开展主题宣讲、现场咨询、大屏幕循环播放等形式在社区开展《条例》相关内容宣传。结合人民群众关心的社会热点、《条例》亮点，制作印刷《条例》口袋书、"一图读懂"政策解读宣传折页等《条例》相关宣传读物，便于社会公众日常学习和查阅。三是促进新老媒体融

---

① 《慈善政策知识要普及，广州民政有妙招》，《潇湘晨报》2022 年 6 月 15 日，https：//baijiahao. baidu. com/s？id＝1735701343091302238&wfr＝spider&for＝pc。

合，充分发挥广播、电视、报刊等传统媒体优势，与广州市广播电视台《民生直通车》栏目合作开展专题宣传，同时推进微信、微博、短视频平台等网络媒体宣传工作，拓展媒体宣传阵地。

（三）推进线上线下结合，实现普法工作立体化

为适应新时代普法工作的发展趋势，《条例》普法工作探索推进线上线下结合，促进单向式传播向互动式、服务式、场景式传播转变，打造更加立体化的普法工作模式。一方面是充分利用传统的线下集中培训的普法方式，邀请民政部门工作人员以及慈善领域的专家学者和从业人员，通过专题培训、专家解读、以案说法等形式，对《条例》的重点内容进行深度解读。另一方面则是依托互联网平台，打造在线普法课堂。例如，广州市民政局与广州市公益慈善联合会联合录制九个普法"掌上"微课堂，全方位介绍《条例》的总体框架、重点条款以及政策亮点，在小鹅通、抖音、微信公众号等网络平台播放，让慈善组织、慈善从业人员、市民群众等都可随时随地通过移动客户端进入普法学园，让"谁执法谁普法"落实得更贴近群众，更具有亲和力。

三 《条例》普法工作的经验启示

围绕着多维度普法工作体系构建和多样化普法工作方法实践，广州探索出了具有本土特色的慈善领域普法工作模式，有效提升了《条例》普法工作的实效性，推进普法工作场景化，实现普法工作立体化。总体而言，《条例》普法工作值得借鉴的经验主要包括如下四方面。

一是构建慈善领域大普法工作体系。按照党委领导、政府主导、人大监督、政协支持、部门各负其责、社会广泛参与、人民群众为主

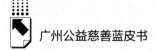

体的法治宣传教育体制机制，广州民政部门在全面落实普法责任制的同时，注重发挥慈善工作联席会议制度的协调作用，推动政府相关职能部门在《条例》普法宣传及配套政策制定等方面形成条块结合、密切协作的工作合力，为《条例》普法工作提供基础制度保障。

二是坚持系统内普法与社会普法相并重。在《条例》普法工作中，广州民政部门在切实履行好系统内普法责任，努力提高民政队伍法律素质和法治能力的同时，充分发挥广州市、区慈善会以及广州市公益慈善联合会等慈善组织在普法中的枢纽平台作用，积极承担面向行业、面向社会的普法责任，增强社会公众的慈善法治意识。

三是坚持普法工作与法治实践相结合。广州民政部门注重将《条例》宣传教育融入法治实践全过程，在推进实施面向慈善组织的监督管理以及民政部门执法队伍建设的过程中，有效落实《条例》相关条款的宣讲培训，不断提高民政部门法治宣传教育的实际效果。

四是探索场景化和信息化的普法工作方法。为适应普法工作的不同场景，《条例》普法工作不断拓展慈善组织宣传阵地、社区宣传阵地以及媒体宣传阵地，初步构建了普法宣传的立体化格局。与此同时，《条例》普法工作在充分利用传统的线下普法的基础上，推动打造互联网普法平台，积极适应了新时代普法工作的信息化、交互式发展趋势，提升了《条例》普法工作的实效性。

B.14
新冠肺炎疫情防控中慈善、社工和志愿服务联动机制探索

严国威*

摘　要： 推进慈善事业、社会工作和志愿服务融合发展是广州创建全国"慈善之城"的重要工作内容。面对 2021 年 5 月广州发生的本土新冠肺炎疫情，广州慈善组织、社工机构和志愿服务组织展现出高度的责任与担当，通过建立协同机制，搭建合作平台，在力量增援、专业支持、物资支援、困境帮扶等方面发挥了积极作用。为进一步优化疫情防控中慈善、社工和志愿服务联动机制，本文提出三点建议：建立常态化的社区应急能力建设工作机制；提升社会组织在突发公共事件中的应急处置能力；提升社区防疫行动的信息化建设水平。

关键词： 疫情防控　慈善组织　社工机构　志愿服务组织　联动机制

2021 年 5 月，广州发生新一轮本土新冠肺炎疫情，荔湾、越秀、海珠等区先后采取分级分类管控措施，将相关区域纳入封控区、管控区和防范区管理。全市慈善力量、社工和志愿者大力弘扬中华

---

* 严国威，广州社会组织研究院研究人员。

民族同舟共济、守望相助的家国情怀，发挥各自优势，积极投身疫情防控工作，构成突发公共事件应急管理体系建设的重要辅助力量。①

一 慈善组织、社工机构和志愿服务组织参与疫情防控的主要工作内容

疫情发生后，广州慈善组织、社工机构和志愿服务组织依法有序参与各类疫情防控行动，在力量增援、专业支持、物资支援、困境帮扶、平稳市场方面充分发挥各自优势并形成了形式各样的联结互动，有效回应了医疗机构、社区和受疫情影响群众对防疫物资、志愿者以及相关专业服务的迫切需求。

（一）为疫情防控一线提供力量增援

广州民政部门和枢纽型社会组织积极发动本系统、本领域社会组织党员和从业人员组建志愿服务队，充分整合慈善组织、社工机构、志愿服务组织以及社区社会组织的人力资源，为防疫压力较大、工作人手紧缺的社区、学校及医疗机构提供志愿服务，配合做好疫情排查、核酸检测等工作。广州市志愿者协会的统计数据显示，5月14日至6月27日，广州公益"时间银行"累计发布疫情防控志愿服务活动915场，组织社区志愿者2.93万名，服务社区居民379.23万人次。② 5月22日至6月11日，广州市中大社工服务中心、广州市北

---

① 《"十四五"国家应急体系规划》，中华人民共和国中央人民政府门户网站，2021年2月14日，http://www.gov.cn/zhengce/content/2022-02/14/content_5673424.htm。

② 刘春林：《广州市优秀党务工作者甄鹤：凝聚起强大的战"疫"力量》，《广州日报》2021年7月6日，第A3版。

达博雅社会工作资源中心、广州市新跨越社会工作综合服务中心等在荔湾区设有项目点的社工机构先后派出 240 多名社工协助全区 180 多个社区完成 75 万人核酸检测样本采集。①

（二）为受疫情影响群众提供专业服务

广州慈善组织、社工机构和志愿服务组织充分发挥本行业本领域专业优势，积极组织律师、社工、心理咨询师等专业力量助力疫情防控工作，及时为受疫情影响群众提供社工服务、心理疏导、健康咨询等专业服务。例如，由广州市社会工作协会、广州市志愿者协会等枢纽型社会组织在 2020 年疫情发生后倡导建立的"红棉守护热线"，在 2021 年广州本土疫情期间继续扩大服务范围。广州市为本社会心理慈善服务中心、广州市志愿者协会发起"温暖点灯人守护一方心理安康——广州前线防疫人员心理关护计划"，专门为抗疫一线社工、志愿者提供在线心理辅导。②

（三）为疫情防控一线提供物资支援

广州慈善组织、社工机构和志愿服务组织充分发挥自身资源筹集优势，积极发动社会力量向疫情防控一线捐赠消毒用品、医疗口罩、防护服等防控物资，缓解社区一线防控物资紧张状况。例如，广州市慈善会联合广州市善城社区公益基金会，发起"善暖社区抗疫关爱行"项目，为社区困难人群、社区抗疫一线人员及封闭管理

---

① 《广州市社会组织疫情防控工作专报（2021 年第 1 期）》，广州市社会组织管理局门户网站，2021 年 6 月 13 日，http：//mzj. gz. gov. cn/gznpo/dt/gzdt/content/post_ 7330124. html。

② 《广州前线防疫人员"为本心慈"心理关护计划正式启动》，广州市社会组织管理局门户网站，2021 年 6 月 29 日，http：//www. weibenchina. com/cs/1425. html。

防控区域社会福利机构人员提供资金补贴、物资支持及心理关爱服务。①

（四）为特殊困难群众提供关爱帮扶

依托广益联募、珠珠慈善医疗救助平台，以及广州社联困境儿童关爱中心等慈善救助平台，广州慈善力量、社工和志愿者及时为疫情期间留守老年、困境儿童、贫困重度残疾人等特殊困难群众提供精神慰藉、资源链接、精准帮扶等服务。例如，各级民政部门、慈善会系统和枢纽型社会组织持续实施"伴童计划"等关爱活动，做好困境儿童的兜底保障工作。广州市扬爱特殊孩子家长俱乐部通过线上与线下相结合的方式，为受疫情影响的特殊儿童及家庭提供紧急救助、心理支持、就医取药指引以及赋能服务。② 广州市残疾人福利基金会、广州市残联携手广州日报、广东狮子会共同发起"守护居家残疾人"公益行动，向全市封控管理区域残疾人开展点对点电话慰问和发放"抗疫暖心包"。③

二 慈善组织、社工机构和志愿服务组织参与疫情防控的联动机制建设

推进慈善事业、社会工作和志愿服务融合发展是广州创建全国

---

① 《广州市社会组织疫情防控工作专报（第3期）》，广州市社会组织管理局门户网站，2021年6月10日，http：//mzj.gz.gov.cn/gznpo/dt/gzdt/content/post_7332514.html。

② 《广州市社会组织疫情防控工作专报（第4期）》，广州市社会组织管理局门户网站，2021年6月13日，http：//mzj.gz.gov.cn/gznpo/dt/gzdt/content/post_7332514.html。

③ 《广州市社会组织疫情防控工作专报（第3期）》，广州市社会组织管理局门户网站，2021年6月10日，http：//mzj.gz.gov.cn/gznpo/dt/gzdt/content/post_7332514.html。

"慈善之城"的重要工作内容，在 2021 年广州本土疫情防控期间涌现出的相关联动机制则推动广州"慈善+社工+志愿"融合战略向纵深发展。总体而言，提高政治站位、完善制度供给、搭建服务平台、突出枢纽作用以及强化科技应用是保障这类联动机制有效运行的核心工作。

（一）提高政治站位，强化慈善、社工和志愿服务联动的政治保障

在本土疫情发生以后，广州民政部门先后发布政策文件，引导全市慈善组织、社工机构和志愿服务组织配合所在辖区做好新冠肺炎疫情分级分类防控工作。其中将进一步提高政治站位作为首要工作任务，要求全市慈善组织、社工机构和志愿服务组织主要负责人要知责于心、担责于身、履责于行，党组织要充分发挥战斗堡垒作用，发挥先锋模范作用。① 这为广州慈善力量、社工和志愿者有序参与疫情防控并形成高效联动提供了政治保障。

（二）完善制度供给，形塑慈善、社工和志愿服务联动的行动框架

随着广州民政部门先后出台一系列动员社会力量参与疫情防控的相关政策，广州慈善力量、社工和志愿者参与疫情防控的行动框架逐步明晰。其中包括：5 月 29 日，广州市社会组织管理局、广州市社会组织党委印发《关于全市社会组织全力配合做好新冠肺炎疫情分级分类防控工作的紧急通知》，明确了行业协会商会、社区社会组

---

① 《广州市社会组织管理局　中共广州市社会组织委员会关于全市社会组织全力配合做好新冠肺炎疫情分级分类防控工作的紧急通知》，广州市社会组织管理局门户网站，2021 年 6 月 13 日，http://mzj.gz.gov.cn/gznpo/dt/tzgg/content/post_7329847.html。

织、社工机构、志愿服务组织等参与疫情防控的重点工作方向。① 6月4日，广州市社会组织管理局印发《关于开展集聚社会组织力量助力打好打赢疫情防控硬战专项行动的通知》，从力量增援、专业支持、物资支援、平安守护、困境帮扶、平稳市场六个方面构建起了社会组织参与疫情防控的行动框架。② 此外，广州市社会组织管理局、广州市社会组织联合会共同编制《社会组织应对突发公共卫生事件防控规范》（DB4401/T 139—2021），成为全国范围内首份社会组织应对突发公共卫生事件的地方标准。

（三）搭建服务平台，编织慈善、社工和志愿服务联动的协作网络

在疫情防控期间，各类服务平台成为广州慈善力量、社工和志愿者形成网络化协同的重要媒介，包括广州市社会工作协会牵头全市社工机构开通的"红棉守护热线"，为相关疫情防控项目链接慈善资源的广益联募平台，以及为特殊困难群众关爱帮扶提供供需对接支持的珠珠慈善医疗救助平台和广州社联困境儿童关爱中心。这些服务平台为广州慈善力量、社工和志愿者在疫情防控行动中形成联结互动提供了重要支撑。

（四）突出枢纽作用，强化慈善、社工和志愿服务联动的关键节点

2021年广州本土疫情防控实践显示，包括慈善会系统、广州市

---

① 《广州市社会组织管理局　中共广州市社会组织委员会关于全市社会组织全力配合做好新冠肺炎疫情分级分类防控工作的紧急通知》，广州市社会组织管理局门户网站，2021年6月13日，http：//mzj. gz. gov. cn/gznpo/dt/tzgg/content/post_ 7329847. html。
② 《广州市社会组织管理局关于开展集聚社会组织力量助力打好打赢疫情防控硬战专项行动的通知》，广州市社会组织管理局门户网站，2021年6月7日，http：//mzj. gz. gov. cn/gk/zdlyxxgk/shzzxx/content/post_ 7319068. html。

公益慈善联合会等在内的枢纽型社会组织在引导社会力量参与疫情防控过程中充分发挥了枢纽平台和关键节点的作用，是促进广州慈善力量、社工和志愿者在疫情防控行动中形成联结互动的重要力量。例如，5月24日，广州青年志愿者协会发出《关于继续做好疫情防控工作的倡议》，号召全市青年志愿者协会、志愿服务组织按照要求开展疫情防控志愿服务活动。5月29日，广州市志愿者协会发布《关于参与疫情防控社区志愿服务的倡议》，号召会员单位、社区志愿服务组织（团队）及社区志愿者坚持党建引领志愿服务工作，依法科学有序参与疫情防控工作。5月30日，广州市慈善服务中心、广州市公益慈善联合会发布《关于持续做好疫情防控工作的倡议》，引导全市慈善组织和慈善从业人员加强信息沟通、密切协作，高效促进慈善资源供需有序对接。与此同时，这些枢纽型社会组织也积极搭建各类服务平台，推动慈善组织、社工机构和志愿服务组织在疫情防控中形成网络化协同。

（五）强化科技应用，夯实慈善、社工和志愿服务联动的技术支撑

慈善组织、社工机构和志愿服务组织的线下活动和跨地区社会服务在疫情防控期间受到很大的限制，利用新技术、新方法探索适应疫情防控的新工作模式就显得极为必要。我国社区防疫政策在推进不同区域和社区分类施策的同时，也格外重视信息化建设和应用。在2021年广州本土疫情防控期间，互联网、远程教育、微信小程序等现代信息技术手段也被全市慈善组织、社工机构和志愿服务组织积极运用。

三 疫情防控中慈善、社工和志愿服务联动机制优化建议

2021年5月广州发生本土新冠肺炎疫情后，全市慈善力量、社

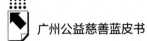

工和志愿服务组织涌现出形式各样的联结互动，有效践行了广州市慈善事业、社会工作与志愿服务高质量融合发展的总体战略。但是这一联动机制的建设依然面临社会力量应对突发公共事件能力偏弱、社区防疫科技应用水平偏低等问题，制约了联动机制运作效能的充分发挥。对此，本文提出如下建议。

一是建立常态化的社区应急能力建设工作机制。鼓励慈善组织、社工机构和志愿服务组织将面向服务对象和社会公众的突发公共事件应急知识宣传教育纳入恒常化社区服务，各级民政部门、枢纽型社会组织应当为相关服务项目提供资金和技术支持，增强全社会对突发公共事件的防范意识和应对能力。依托社区社会组织培育发展行动，鼓励成立社区应急志愿服务队，提升社区应急管理能力。

二是提升社会组织在突发公共事件中的应急处置能力。完善慈善组织、社工机构和志愿服务组织参与突发公共事件应急管理的相关政策法规和行业标准，将相关社会组织纳入社区灾害应急队伍建设，面向社会组织常态化开展卫生、消防、地震等安全知识宣传培训和应急演练。鼓励有条件的社会组织单独或联合组建应急救援队伍，积极参与所在辖区突发公共事件应急预案编制、应急物资储备、专业救援设备与方法研发。

三是提升社区防疫行动的信息化建设水平。搭建慈善组织、社工机构和志愿服务组织参与突发公共事件应急响应的协调服务平台和数据信息平台，加强疫情防控中慈善力量、社工和志愿者等优势资源的高效配置。运用现代信息技术，推进建设"时间银行"助老志愿服务平台、"点单式"社区志愿服务平台、社区慈善捐赠网络平台、社区居民互助平台等智慧社区服务平台，为慈善力量、社工和志愿者参与社区疫情防控提供科技支撑。

附　录

Appendices

B.15
2021年度广州公益慈善十件大事

一　始终坚持党建引领，创新探索
"党建+慈善"模式

2021年是中国共产党成立100周年，也是"十四五"开局之年。广州市慈善组织始终坚持党建引领，深入贯彻落实习近平总书记关于慈善工作的重要指示精神，慈善组织党建工作实现"全覆盖"，全面加强党对慈善事业的领导。实施"党建强、慈善红"行动计划，打造一批慈善组织党组织示范点、党员先锋示范岗；创新探索"党建+慈善"模式，紧紧围绕"学党史、悟思想、办实事、开新局"要求，深入开展党史学习教育和"我为群众办实事"实践活动，打造"红心向党、善心为民"慈善惠民服务项目，大力推进"我为群众办实事"实践活动，全市慈善组织累计开展"我为群众办实事"活动约7200场次，服务群众超190万人次。

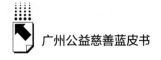

二 《广州市慈善促进条例》实施，为广州 "十四五"慈善规划开篇布局

2021 年 9 月 1 日，《广州市慈善促进条例》正式实施。条例结合广州实际，以问题为导向，总结特色经验，将多项广州在慈善领域中的探索成果以立法形式予以确立，为广州慈善事业高质量发展提供更加有力的法治保障。条例实施后，广州召开慈善工作联席会议第一次会议，提出广州慈善事业要立足新发展阶段，站在服务经济社会发展全局、助力推进社会治理体系和治理能力现代化的高度，着力打造引领性的城市慈善发展样本。《广州市民政事业发展"十四五"规划（2021—2025 年）》提出，出台实施《广州市慈善促进条例》，推进创建"慈善之城"提升计划，深化慈善事业、社会工作、志愿服务融合，推动慈善项目聚焦乡村振兴、巩固脱贫攻坚成果、特殊群体民生保障、社会治理、社会服务等重点领域，增强慈善惠民实效。充分发挥慈善事业在第三次分配中的积极作用，推动广州"慈善之城"建设迈向新高度，打造慈善事业高质量发展新高地。

三 全力以赴防控疫情，慈善社工志愿者齐行动

2021 年 5 月下旬，广州市出现新一轮新冠肺炎疫情。5 月 30 日，广州市慈善服务中心、广州市公益慈善联合会发出了《关于持续做好疫情防控工作的倡议》。广州市慈善会率先发起"善暖社区抗疫关爱行"项目，其他各类公益慈善组织亦迅速行动起来，为疫情防控工作贡献慈善力量。其中，广州市慈善会累计接收社会捐赠超 3750 万元。全市 4000 余名社工积极为困难群众提供送医就医、买菜送药、心理辅导等紧急援助服务 7 万余人次，服务居民累计 380 万余人次。

广州公益"时间银行"累计发布逾 500 场志愿服务活动，组织 1 万余人次社区志愿者参与疫苗接种与宣传、社区防疫宣传倡导、疫情防控值守、核酸筛查、困难群体关爱等志愿服务。慈善社工志愿者的身影，给社区以力量，给城市以温暖。

四　全市首个"慈善之区"启动创建，助推区域慈善事业发展

5 月，番禺区率先启动"慈善之区"创建，将创建"慈善之区、幸福番禺"工作纳入全区城市整体发展战略，这是全市首个"慈善之区"。广州市民政局印发进一步加强区慈善会建设的通知，要求各区级慈善会强化党建、引领发展，加强治理、规范发展，多项并举、创新发展，推动区域慈善新发展。近年来，广州推进慈善会深入改革，部分区慈善会的创新实践在珠三角地区产生了良好的示范效应，有力推进了区域慈善创新发展。广州研发首个区域慈善指数体系并每年发布区域慈善指数报告，系统评价全市各区域的慈善事业发展情况，以评促建推动全市慈善工作均衡发展，各区慈善事业发展各具特色。

五　培育社区慈善力量，印发行动方案，全面推动社区慈善发展

2021 年以来，广州市实施多项举措支持社区组织发展。广州先后印发《广州市社区社会组织管理办法（试行）》《广州市推动社区慈善发展行动方案（2021—2023 年）》等政策文件，规范社区社会组织管理，全面推动社区慈善发展，充分发挥慈善事业在基层社会治理和第三次分配中的重要作用。此外，第八届广州市社会组织公益创投活动发布确定资助项目，特别投入 300 万元创投资金重点对有助于

培育发展社区社会组织等公益项目予以资助；第二届"创善·微创投"广州市社区公益微创投活动资助 70 个公益项目解决社区问题、促进社区可持续发展；截至 2021 年 12 月，全市设立社区慈善基金 431 个，筹集资金超 3000 万元；设立慈善捐赠站点、慈善标志等慈善空间超 800 个，服务群众逾 8000 人次，社区慈善力量在加强基层治理体系和治理能力现代化建设中发挥越来越重要的作用。

六 首部社区志愿服务发展报告发布，志愿者人数居全省第一

2021 年 2 月 9 日，广州市发布首部社区志愿服务发展行业性报告——《广州市社区志愿服务发展报告（2020）》。该报告分为总报告、专业发展篇、实务经验篇、区域发展篇、附录五个部分，近 17 万字，以翔实的数据、客观的分析、生动的实践和鲜活的案例，全面展示社区志愿服务"广州经验"，为畅通和规范社区志愿者参与基层治理途径、推动广州市志愿服务多样化和高质量发展提供了可靠依据和智力支持。截至 2020 年 12 月，全市实名注册志愿者人数达 426.17 万人，与上年同期相比增长 50.61 万人，约占全省实名注册志愿者总数的 30.73%，居全省第一，服务市民群众约 2066.99 万人次，全市社区志愿服务的社会化、专业化、信息化和法治化水平进一步提升。社区志愿服务日趋成为广州"慈善之城"和"志愿之城"建设的基础工程、广州"幸福社区"建设的有机组成部分、服务群众"最后一公里"的重要形式和路径。

七 2021 年度广州慈善捐赠榜再创新高，释放第三次分配潜力助力共同富裕

2021 年 12 月底，2021 年度广州慈善榜发布公示名单。本届广州

慈善捐赠榜共收录 536 个慈善单位，6791 位慈善达人，捐赠 1000 万元以上的单位 20 个，捐赠 50 万元以上的达人 9 位，捐赠总金额约 18.23 亿元，其中机构捐赠总额为 13.98 亿元，个人捐赠总额为 4.25 亿元，捐赠总额同比上年增长 23%，创历年新高。本届榜单新增"广州社会组织捐赠收入榜"，共收录 65 个广州社会组织（接收捐赠 10 万元以上），接收捐赠总金额 12.15 亿元。数据显示，"教育""乡村振兴"是广州慈善资金主要流动方向，占比达到 65%，而个人捐赠偏爱教育领域，机构捐赠偏重乡村振兴领域。广州慈善捐赠榜已经连续六年发布，通过对慈善捐赠的统计与分析，为下一步慈善项目的设计和开展提供科学的依据和参考，促进广州慈善事业的健康发展，发挥第三次分配作用，助力共同富裕。

八　广州社工凝聚慈善力量，助力乡村振兴

为响应全面实施乡村振兴战略，深入开展党史学习教育和"我为群众办实事"实践活动，2021 年 3 月以来，广州市民政局指导广州市社会工作行业党委、广州市社会工作协会先后发布《广州社工助力乡村振兴服务倡议书》《广州社工助力乡村振兴服务实施方案》，依托社工服务机构和全市 203 个社工服务站，组织实施广州社工助力乡村振兴服务 7 项行动 30 多个社工服务项目，充分发挥"社工+慈善+志愿服务"融合发展机制作用，积极凝聚社会力量，助力营造共建、共治、共享的乡村振兴参与格局，开创新时代广州社工参与乡村振兴新局面。

九　首个"羊城慈善月"举行，让慈善
"飞入寻常百姓家"

《广州市慈善促进条例》规定每年 9 月为"羊城慈善月"。2021

年9月1日，广州举办第六个"中华慈善日"活动暨首个"羊城慈善月"活动启动仪式，活动现场围绕"汇聚慈善力量，助力乡村振兴"主题，设立助力乡村振兴慈善基金，启动"红心向党、善心为民"行动，并公布12项"羊城慈善月"重点活动，涵盖公益慈善方方面面。首个"羊城慈善月"期间，广州在全市范围内开展30余项重点慈善活动，涵盖慈善募捐、慈善文化、慈善监督等各个领域，巩固提升"慈善之城"创建工作成效；市区积极联动，政府搭建慈善活动平台，社会各界踊跃参与，持续掀起宣传热潮，进一步发挥了慈善事业在第三次分配中的积极作用，推动新时代慈善事业高质量发展。

十　获得多个全国性荣誉，广州慈善再获佳绩

2021年以来，广州慈善多次获得全国性荣誉表彰。2021年2月25日，在全国脱贫攻坚总结表彰大会中，广州共有4名个人和6个集体获得表彰。3月31日，在2020年度全国学雷锋志愿服务"四个100"先进典型表彰中，广州5人获全国"最美志愿者"荣誉，3个项目获评"最佳志愿服务项目"。9月5日，在第十一届"中华慈善奖"颁奖典礼中，广州市慈善医疗救助项目（广州市慈善会）、星河湾集团有限公司和广州立白企业集团有限公司分别获第十一届"中华慈善奖"。"中华慈善奖"是全国慈善领域政府最高奖项，自2005年以来已成功举办了11届表彰活动，累计表彰了1187个爱心个人、爱心团队、捐赠企业、慈善项目和慈善信托，有力弘扬了社会主义核心价值观，有效促进了慈善事业发展。

B.16

2021年广州市公益慈善法规政策文件

广州市推动社区慈善发展行动方案
（2021—2023年）

为加快推动我市社区慈善发展，全面巩固提升"慈善之城"创建成效，充分发挥慈善事业在基层社会治理和第三次分配中的重要作用，助力共同富裕，根据《中华人民共和国慈善法》《中共中央国务院关于加强基层治理体系和治理能力现代化建设的意见》《广东省推动慈善事业高质量发展若干措施》（粤民规字〔2020〕4号）《广州市慈善促进条例》《广州市人民政府关于印发推动慈善事业高质量发展行动方案的通知》（穗府函〔2020〕156号）等有关法律法规和政策文件精神，结合工作实际，制定本方案。

一 工作目标

以习近平新时代中国特色社会主义思想为指导，深入贯彻党的十九大和十九届二中、三中、四中、五中、六中全会精神，紧紧围绕加强基层治理体系和治理能力现代化要求，认真落实市委、市政府工作部署，全面构建"令行禁止、有呼必应"责任体系，立足社区，以党建为统领，以居民需求为导向，以慈善项目为驱动，以创新推动社区与社会组织、社会工作者、社区志愿者、社区慈善资源"五社联动"机制为抓手，充分发挥慈善事业的第三次分配作用，大力发展社区慈善，助力建设人人有责、人人尽责、人人享有的社会治理共同体。到 2023 年底，各区全面建立起融合发展、运转有效、各具特色的"五社联动"机制，建设一批慈善氛围浓厚、体制机制完善、惠民实效凸显的慈善社区，培养一批长期参与慈善服务、熟练掌握专业知识和岗位技能的社区慈善人才，社区慈善基金、社区慈善（志愿）工作站、社区慈善项目在社区 100% 全覆盖。

二　主要任务

（一）发挥社区慈善主体作用

1. 充分发挥社区基础平台作用。加强镇（街）、村（居）党组织对社区各类组织和各项工作的统一领导。镇（街）要支持开展社区慈善活动，引导村（居）民委员会在社区慈善中发挥统筹作用，构建符合本社区实际的"五社联动"工作机制。鼓励引导镇（街）、村（居）民委员会发起设立社区慈善基金，推动建设慈善社区和社区慈善（志愿）工作站；探索完善社区慈善参与推进社区治理的有效途径，营造向上向善、邻里互助的良好社区氛围。

2. 有效发挥社区社会组织协同作用。积极培育发展社区社会组织，实施分类管理。发挥各镇（街）社会组织联合会和社区社会组织培育基地的作用，扩大社区居民有序参与社区治理。引导社区社会组织承接实施社区公益项目，组织居民参与社区慈善活动，提供社区服务，充分发挥社区社会组织协同社区治理的重要作用，助力社区慈善发展。加强本地区枢纽型社区社会组织建设，到 2023 年底，全市80% 的镇（街）有不少于 1 个枢纽型社区社会组织，各区培育品牌社区社会组织数量和品牌项目数量分别不低于 3 个。

3. 积极发挥社会工作者专业作用。实施"广州兜底民生服务社会工作双百工程",建设一支数量充足、结构合理的社会工作专业人才队伍,积极引进社会工作者进驻社区,为社区慈善工作服务积蓄专业力量。充分发挥社会工作者的专业优势,为社区项目策划、特色项目运作、社区资源链接、社区文化建设、培育社区志愿者等提供实践指引和服务指导,带动各方参与社区慈善,主动参与社会治理。

4. 注重发挥社区志愿者服务作用。大力发展社区志愿服务队伍,建设社区慈善(志愿)工作站,发动社区居民等各类主体参与志愿服务活动,提升社区志愿服务覆盖面。弘扬志愿服务精神,以"社会工作者+志愿者"工作模式联动参与社区慈善服务和社区治理,加强社区公益慈善项目策划,不断提升服务质量和水平。结合"学雷锋月""国际志愿者日"等重要时间节点,实施各类主题志愿服务行动,开展多样化社区志愿活动,打造社区志愿服务品牌。探索完善志愿服务积分激励机制建设,促进社区志愿服务常态化、专业化,增强社区凝聚力。

5. 统筹发挥社区慈善资源凝聚作用。广泛动员社会力量参与社区慈善,通过依法设立冠名基金(项目)、开展冠名慈善活动或慈善信托等多种方式为社区慈善集聚资源。开展社区慈善人才培训,培养社区慈善中坚力量,倡导辖区机关、企事业单位、社会组织、家庭、个人通过捐款捐物资、捐时间、捐服务、捐技术、捐知识产权等方式,服务困难群众、促进社区治理。鼓励慈善组织结合国家重大战略和群众需求,设计社区公益慈善项目,资助社会工作机构、社区社会组织实施项目,扩大社区慈善效应。

（二）打造社区慈善品牌项目

6. 聚焦民生保障需求。围绕民生保障领域,聚焦关心帮扶散居特困供养人员、低保对象、低收入困难家庭、留守老人、孤寡老人、独居老人、困境儿童、特殊困难残疾人、精神障碍患者等困难群体,将困难群众多样化需求和社区问题转化为社区慈善项目，精准对接实施，做好民生保障服务。实施"长者饭堂"、广州"幸福家园"村社互助等社区慈善项目，通过项目化管理，完善社区慈善服务清单，助力织密织牢困难群众兜底保障网。

7. 助力乡村振兴建设。引导鼓励社会力量助力乡村振兴，发动社区居民参与有关助力乡村振兴的慈善捐赠和志愿服务专题活动。积极倡导社区慈善资源参与乡村特色产业开发、社会服务提供、美丽乡村风貌提升等工作。加大对农村社区社会组织的培育扶持力度，覆盖乡村的各区积极打造乡村振兴示范慈善项目，培育美丽乡村新业态。

8. 参与基层社会治理。拓宽慈善参与社会治理途径，发挥慈善事业在基层社会治理中的作用。开展创建慈善社区行动，制定评选慈善社区标准，着力打造一批示范性慈善社区。围绕社区服务需求，举办各类便民利民的慈善活动。积极培育打造社会服务品牌，每年实现培育 1~2 个区级社区慈善品牌项目。

（三）建立社区慈善支持平台

9. 建立社区慈善（志愿）工作站。依托社会工作服务站等社区综合服务设施建立社区慈善（志愿）工作站，制定社区慈善（志愿）工作站管理规程，细化工作内容，鼓励村（居）民委员会、社会工作服务机构与慈善会等枢纽型慈善组织合作运营。社区慈善工作站要积极传播现代慈善理念，大力宣传社区慈善文化，在社区内开展慈善捐赠、慈善救助等慈善活动，着力打造一批示范性社区慈善（志愿）工作站。

10. 发展社区慈善基金。大力推进社区慈善基金建设，引导社区与具有公开募捐资格的慈善组织合作，加大资金筹集力度，广泛动员社会力量，促进社区慈善基金可持续发展。指导已成立的社区慈善基金，立足社区实际，主动发现社区需求，策划实施社区慈善项目，整合社区资源，引导社区慈善基金从有形覆盖到有效覆盖。

11. 拓展社区慈善创新平台。激励互联网慈善技术创新，丰富广益联募平台社区慈善运用场景，畅通社区慈善基金捐赠渠道，提升社区慈善参与的便捷性。大力发展慈善信托，建立符合慈善信托投向的社区慈善项目目录，吸引慈善信托资金用于社区慈善服务，为社区慈善的发展提供资金渠道。发挥"慈善+金融"的合力，鼓励引导银行、信托公司等金融机构开发捐赠理财等社区公益慈善产品，通过跨界合作整合资源，丰富捐赠业态，助力社区治理。

12. 完善社区志愿服务平台。探索建立统一的志愿服务信息管理制度，整合各类志愿服务信息系统，按照国家、省有关要求，制定统一的信息数据对接标准。大力推动社区志愿服务工作，鼓励社区居民参加社区志愿服务活动，建立志愿服务时间储蓄机制。推广广州公益"时间银行"服务平台，探索建立"时间换服务""时间换资源"的可持续发展机制。依托各类志愿服务信息系统，做好社区志愿服务供需对接工作，让社区志愿者就地就近参与社区服务。

13. 搭建社区慈善交流平台。定期开展市、区、镇（街）、村（居）社区慈善工作交流，实现政策法规、慈善资源、社会服务等信息共享。广泛推动省市交流合作，举办全国性社区慈善发展交流活动，强化广州与粤港澳大湾区城市、慈善城市发展研究基地共建城市在慈善领域的交流与合作。

（四）弘扬社区慈善文化

14. 开展社区慈善活动。镇（街）依托各类公共服务平台，大力发展慈善空间，激发社区各方主体参与慈善活动的积极性，为开展社区慈善活动提供场地和便利，立足社区实际，发动社区居民，联合辖区机关、企事业单位、社区社会组织组织开展形式多样的各类社区慈善活动，通过社会工作者、社区志愿者和其他社会力量等举办进社区，为民办实事等活动，讲好社区邻里故事，做好社区互助互济，促进社区居民交流，打造社区慈善生态，培育和谐友爱的社区文化。

15. 宣传推广"慈善家庭"。开展"慈善为民，爱传万家"活动，发挥慈善家庭志愿服务队、慈善家庭宣讲团示范作用，深入社区宣传慈善家庭的先进事迹，培养家庭慈善理念，倡导争做"慈善家庭"楷模，在社区形成崇德向善的良好氛围。

16. 加强社区慈善研究。组建社区慈善发展专家团，强化社区慈善发展研究。印发《社区慈善工作手册》，为社区慈善工作提供指引。开展广州市社区慈善发展工作研究，制定评选慈善社区标准，发布广州市社区慈善发展年度工作报告，切实为广州社区慈善发展提供理论指导。

17. 健全激励表彰机制。完善社会力量参与社区慈善的激励机制，建立健全社区慈善捐赠行为、志愿服务行为的记录制度和反馈制度。对社区慈善发展作出突出贡献、表现优秀的机关、企事业单位、社会组织、家庭、个人等予以激励表扬，广泛宣传优秀、先进事迹，推广示范性社区的建设模式、经验做法和特色文化。

三 工作步骤

按照"坚持党建引领、坚持为民服务、坚持守正创新、坚持共建共享"的原则，社区慈善发展行动从 2021 年 12 月至 2023 年 12 月，分为协调推进、深化提升、示范引领三个阶段。

（一）第一阶段（2021 年 12 月~2022 年 5 月），协调推进阶段。主要任务是建立健全社区慈善有关政策制度，研究制定社区慈善工作站管理规程，细化工作内容和工作规范，出台有关指引，制定评选慈善社区标准、流程，为社区慈善发展提供政策支持，加大政策解读和指引培训力度。大力推动社区慈善基金发展，启动慈善社区、社区慈善（志愿）工作站的建设，创新推动"五社联动"，打牢社区慈善工作基础。

（二）第二阶段（2022年6月～2023年6月），深化提升阶段。主要任务是深化提升社区慈善发展，加强部门联动和在政策、资金等方面的指导和支持。积极发挥社区慈善主体作用，深化社区慈善项目培育，建立社区慈善发展支持平台，培育壮大"五社"要素、推动"五社"有机融合。

（三）第三阶段（2023年7月～2023年12月），示范引领阶段。主要任务是总结、提升前两年的好经验、好做法和不足，形成一批示范性慈善社区，打造一批示范性慈善品牌，完善社区慈善发展平台，发挥典型示范引领作用，以点带面，实现"五社联动"机制和社区慈善基金、社区慈善（志愿）工作站、社区慈善项目在社区全覆盖。

四　工作保障

（一）加强组织保障

加强党对社区慈善工作的全面领导，贯彻党把方向、谋大局、定政策、促改革的要求。在市委、市政府的领导下，市区民政局、各镇（街）、各村（居）按分工做好相关工作，积极打造四级联动机制。由民政部门牵头统筹，相关职能部门各司其职，将社区慈善发展纳入广州市、区两级慈善工作联席会议议事范围，共同推动构建"五社联动"机制，实现总体规划、协调分工、分步实施、逐项落实的社区慈善工作合力，形成党委领导、政府管理、行业协作、公众参与的工作格局。

（二）加强资金保障

积极争取财政资金和福利彩票公益金的支持。在政府购买服务、

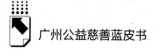
公益创投、培育孵化、资源支持、品牌打造等方面优先考虑社区社会组织。鼓励镇（街）和村（居）民委员会为社区社会组织提供资源支持、项目对接等必要支持，鼓励基金会、慈善会等资助型组织出资支持服务型组织实施社区慈善项目和"五社联动"社会工作项目，构建多元投入机制，广泛动员社会力量参与社区慈善活动。

（三）加强人才保障

鼓励社区慈善从业人员参加职业教育和技能培训，持续实施人才培养计划，设计社区慈善培训课程体系，搭建社区慈善人才互动交流平台，在社区慈善发展的不同阶段，分重点分类型，通过举办示范培训、线上课堂、实地走访等多种方式，开展社区慈善理论研究、资金募集、项目实施、专业服务、宣传推广和信息公开以及社区慈善基金管委会议事规则等方面的培训。

（四）加强监督管理

建立健全日常监督检查制度和评估机制，各区每年要按一定比例依法依规抽查考核社区慈善公开募捐项目、社区慈善基金运作情况。加强对社区社会组织的指导检查，加强社会监督，畅通公众对不良社区慈善行为的投诉举报渠道，及时反馈和处置投诉事件，切实保障社区慈善发展公信力。充分发挥社会第三方机构广州市慈善组织社会监督委员会作用，加大对社区社会组织、慈善项目、社区慈善基金的审计和监督工作。

（五）加强氛围营造

积极弘扬社区慈善文化，广泛链接报社、广播、电视等资源，立足社区，通过设立激励表彰、先进经验宣讲、出版典型案例集等方式对社区慈善和"五社联动"工作进行宣传推广，通过模式总结、案例分析、理论研究等方式完善社区慈善发展思路和政策措施。举办年度公益慈善盛典,评选有影响力的慈善社区、社区慈善项目等,营造人人慈善为人人的良好氛围。

五 工作分工

(一)广州市民政局

负责统筹全市社区慈善发展的规划和实施,健全社区慈善行业规范,会同相关部门、社会组织建立社区慈善工作组织协调、信息沟通共享等机制,指导和协调区民政局和市慈善服务中心等单位开展工作。

(二)广州市社会组织管理局

负责统筹社区社会组织的培育发展工作。

(三)各区民政局

负责统筹本辖区社区慈善发展的实施,指导社区慈善相关工作,会同相关部门、社会组织建立社区慈善工作协调机制,协调本辖区各镇(街)、村(居)民委员会、社会工作服务机构、社区社会组织等落实本方案的工作安排,各区民政局可根据本辖区工作实际制定具体管理措施,落实社区慈善基金全覆盖,监督检查社区社会组织、社区慈善基金信息公开、运作情况,以及负责指导培育发展社区社会组织,落实依法登记。

(四)镇(街)、村(居)民委员会

负责组织推动社区慈善工作,发起设立社区慈善基金,支持开展

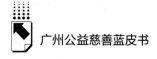

社区慈善活动，为开展社区慈善活动提供场地和其他便利，培育发展社区社会组织。与社会工作服务机构、志愿服务组织、具有公开募捐资格的慈善组织等单位合作，采取在社区依法设立慈善（志愿）工作站点和社区慈善基金、组织社区居民参与社区慈善活动等方式，为特殊困难群体提供慈善服务搭建平台。

（五）广州市、区慈善会

发挥枢纽型社会组织作用，培育社区慈善项目，为社区慈善项目开展提供资金支持和资源链接，推动社区慈善基金发展和社区慈善（志愿）工作站建设，积极配合做好成效宣传工作。

（六）广州市社工协会、广州市志愿者协会

发挥行业组织作用，开展社会工作者、社区志愿者能力提升培训，弘扬社工理念和志愿服务精神，发挥业务上的龙头带动作用和管理上的行业自律作用，积极配合做好成效宣传工作。

广州市培育发展社区社会组织专项行动
实施方案（2021—2023年）

为加快我市社区社会组织的培育发展，根据《民政部办公厅关于印发〈培育发展社区社会组织专项行动方案（2021—2023年）〉的通知》（民办发〔2020〕36号）、《广东省民政厅关于印发〈广东省培育发展社区社会组织专项行动实施方案（2021—2023年）〉的通知》（粤民函〔2021〕167号），结合《广东省民政厅关于深入推进民政领域志愿服务工作的通知》（粤民函〔2021〕3号）、《广州市社会组织发展"十四五"规划（2021—2025年）》（穗社管发〔2021〕27号）以及国家、省市关于推进基层社会治理体系和治理能

力现代化，开展全国市域社会治理现代化试点工作等有关文件要求，结合工作实际，制定本方案。

一 总体目标

以习近平新时代中国特色社会主义思想为指导，深入贯彻党的十九大和十九届二中、三中、四中、五中全会精神，紧紧围绕国家治理体系和治理能力现代化总目标，落实中央关于构建基层社会治理新格局的要求，以党建为统领，以满足群众需求为导向，以鼓励扶持为重点，以发挥功能为核心，以高质量发展为主题，着力固根基、扬优势、补短板、强弱项，从 2021 年起用 3 年时间，开展培育发展社区社会组织专项行动，通过实施一批项目计划和开展系列主题活动，进一步提升质量、优化结构、健全制度，着力提升社会组织参与社区治理的系统性、专业性和针对性，推动社区社会组织在建设人人有责、人人尽责、人人享有的社会治理共同体中得到充分发展，作用发挥更加明显，成为基层社会治理创新的有力支撑。

二 重点任务

（一）实施社区社会组织培育发展计划

到 2023 年，全市社区社会组织数量和质量进一步巩固提升，结构布局进一步优化，管理制度更加健全，支持措施更加完备，整体发展更加有序，作用发挥更加明显，服务各类特殊群体能力进一步增强。

1. 明确方案措施。各区民政部门根据经济社会发展实际，把社区社会组织培育发展工作纳入城乡社区治理总体布局，加强对社区社会组织工作的统一领导和统筹协调,对辖区社区社会组织的数量、类型、运行管理、作用发挥等情况进行全面摸底,研究确定专项行动重点任务,部署、实施具体方案措施。重点培育为老年人、妇女、儿童、残疾人、失业人员、农民工、服刑人员或强制戒毒等限制自由人员的未成年子女、困难家庭、严重精神障碍患者、有不良行为青少年、社区矫正人员等特定群体服务的社区社会组织,加大对生活服务性、公益慈善性、居民互助性、文体娱乐性和农村生产技术服务性社区社会组织支持力度,提升社区社会组织在地域分布、服务对象、业务领域等方面的覆盖面和志愿服务参与度。细化培育扶持、发展质量、内部治理、服务开展等方面工作目标,落实相关部门、街道(乡镇)、村(居)民委员会工作责任,支持社区社会组织依法开展活动,推动城乡社区发展。

2. 建设支持平台。支持"一址多用"实施社区社会组织"安家"工程,依托街道(乡镇)村(居)党群服务中心、新时代文明实践中心(所、站)和社工服务站等现有的城乡社区综合服务设施建设社区社会组织培育基地,建立健全工作制度,强化工作力量,为社区社会组织提供党建引领、培育孵化、资金代管、能力建设、业务咨询、人员培训、资源对接、联谊交流等综合服务和指导支持。鼓励有条件的社区提供适当的社区办公用房、社区服务用房供社区社会组织使用,并给予一定项目资金支持;工作基础较薄弱的社区可引进具备专业能力的枢纽型社会组织或社会工作服务机构等枢纽型、支持型社会组织培育、带动本地区社区社会组织发展。2021年底前,全市区级社会组织孵化培育和活动场所覆盖率不低于50%。鼓励本地区枢纽型社区社会组织建设,到2023年底,全市80%的街道(乡镇)有不少于1个枢纽型社区社会组织。发挥枢纽型社区社会组织联系服务管理本地区社区社会组织的作用,探索枢纽型社区社会组织为主体统一承接政府购买服务项目,为不具备法人资格的社区社会组织提供资金代管服务并指导督促项目实施，发挥平台枢纽作用，示范带动社区社会组织依法办会、规范运作、发挥作用。

3. 加强政策扶持。推动建立多元化筹资机制，鼓励通过政府购买服务、公益创投、社会支持等多种渠道支持社区社会组织培育发展。加大向社区社会组织购买社区服务的力度，支持党组织健全、管理规范的社区社会组织优先承接政府转移职能和服务项目，鼓励由社区社会组织承接民政领域的公共服务项目。各区可结合实际情况探索运用福利彩票公益金或联合社会力量依法设立扶持社区社会组织发展基金等多种形式推动设立工作基金，支持社区社会组织发展。鼓励街道（乡镇）、城乡社区党组织和村（居）民委员会为社区社会组织参与社区服务提供资源支持、项目对接等必要支持。

4. 补齐工作短板。要结合本地农村实际以及巩固脱贫攻坚与乡村振兴有效衔接等工作要求，大力培育发展农村社区社会组织，推动政府和社会资源向农村社区社会组织和服务项目倾斜。强化农村社区党组织领导和村民委员会支持功能，动员引导村民根据生产生活需求、本地风俗、个人兴趣爱好等成立农村社区社会组织。积极培育发展农村服务类社区社会组织，为村民提供农业技术推广和生产经营服务，为农村"三留守"人员等特殊困难群众提供关爱服务。注重发现培养农村社区社会组织骨干人才，加强农村社区社会工作人才队伍建设。黄埔区、花都区、南沙区、从化区、增城区等5区至少选取1个基础较好的农村社区开展农村社区社会组织培育发展试点，及时总结符合本地区实际的发展模式和经验进行推广。要积极推动依法成立本地民政领域志愿服务组织，以街道（乡镇）社工站为载体，推动成立街道（乡镇）社会工作与志愿服务协会，鼓励培育社区志愿服务类组织（团队）作为团体会员，并按规定做好志愿服务组织标识工作。

（二）实施社区社会组织能力提升计划

到 2023 年，社区社会组织参与相关领域管理、提供专业化社区服务的能力进一步提升，成为居民参与社会治理和社区服务的有效载体。

1. 培养一批骨干人才。各区民政部门要依托社会组织"同行计划""菁英计划"以及"聚善育才计划""善知学园"等培训平台，结合"广州兜底民生服务社会工作双百工程""社会组织党建红苗工程"的实施，面向民政工作人员、城乡社区工作者、儿童主任、社区社会组织负责人、社区社会工作者、社区志愿者等群体，通过举办示范培训、线上课堂、实地走访等多种方式，每年至少组织 1 次能力培训，将社区社会组织党的建设、培育发展、能力建设、规范运作等纳入培训内容，着力培养一批热心社区事务、熟悉社会组织运作、具备专业服务能力的社区社会组织负责人和业务骨干。鼓励社区社会组织从业人员参加社会工作知识培训和全国社会工作者职业资格考试，有条件的地方视情况对参加考试人员给予考试教材、考前培训、考试费用等帮扶激励。力争到 2023 年，全市普遍开展社区社会组织骨干人才培训，每个枢纽型社区社会组织至少配备 1~2 名专职或兼职社会工作者。

2. 对接一批活动项目。在推进社区、社会工作者、社区志愿者、社区社会组织、社区公益慈善资源"五社联动"实践的基础上，结合实际组织开展公益创投、项目大赛、微创投等社区公益服务供需对接活动。立足本地社区发展实际和居民需求，围绕民政重点服务领域，特别是社区扶老、助困、恤孤、助残及社区治理等方面设计社区公益服务项目，通过服务项目加强对社区社会组织的引导。要进一步强化项目意识，提升社区社会组织需求调研、项目设计、项目运作水平，深耕服务领域，做强属地化精品。加强联动融合，完善镇（街）

村居实施管理的社区社会组织与依法登记的社会组织"结对共建"机制，提升服务能力，发展"广州街坊""妇女儿童之家""社区康园中心"、慈善助老、互助养老等品牌项目。推进社区社会组织品牌建设，引导优秀社区社会组织完善发展规划、加强项目宣传，提高品牌辨识度和社会知名度。到2023年，每个区培育品牌社区社会组织数量和品牌项目数量分别不低于3个。

3. 提升专业服务能力。会同相关部门推动管理、服务资源下沉，指导街道（乡镇）和城乡社区党组织、村（居）民委员会落实责任，通过加强社区宣传、建立联络制度、开展业务培训、组织应急演练等方式，提升社区社会组织协同应对自然灾害、事故灾难、公共卫生、社会安全等突发事件的水平；通过加强对群防群治活动的组织、指导和保障，提升社区社会组织参与平安社区建设、和谐社区建设的能力；通过购买服务、委托项目等方式，提升社区社会组织参与提供健康、养老、育幼等社区服务的能力；通过提供活动场地等措施，支持社区社会组织开展文艺演出、体育竞赛等活动，增强社区文化建设阵地功能。鼓励有条件的城乡社区通过设置社会工作岗位等方式，配备专人联系、指导和服务辖区内社区社会组织，不断提升社区社会组织的专业服务能力。

（三）实施社区社会组织作用发挥计划

到2023年，居民通过社区社会组织参与社区生活、享受社区服务更加广泛，对社区社会组织的感知度和认可度进一步提升，社区社会组织服务领域进一步拓展，服务质量进一步提升，成为参与城乡社区治理的重要力量。

1. "邻里守望"主题志愿服务活动。落实"我为群众办实事"实践活动要求，引导社区社会组织在城乡基层党组织领导、基层群众性自治组织指导下，在党史学习教育中为社区群众办实事、解难题、送温暖、传党恩，更好服务困难群体。引导社区社会组织围绕社会救助、养老服务、儿童福利、社会事务、社区治理等民生领域，以"邻里守望"等为主题，开展有特色、有实效的主题志愿服务活动，重点为社区内低保对象、特困人员、空巢老人、农村留守人员、困境儿童、残疾人、进城务工人员及随迁子女等困难群体提供亲情陪伴、生活照料、心理疏导、法律援助、社会融入等各类关爱服务，传承互帮互助的传统美德，构建与邻为善、守望互助的邻里关系，推动社区志愿服务常态化，提升志愿服务覆盖面。

2."共建共治共享"主题社区协商活动。引导社区社会组织主动融入党组织领导下的社区治理体系，积极参与和协助基层群众性自治组织充分调动社区各方参与社区协商的积极性和能动性，带动居民有序在城乡社区治理、基层公共事务和公益事业中依法开展自我管理、自我服务、自我教育、自我监督。发挥社区社会组织在拓展居民群众利益表达渠道中的积极作用，通过委托开展居民调查等方式，指导社区社会组织收集民意、反映民情、汇集民智，发动社区居民和驻社区单位等参与社区发展规划、公共项目、社区慈善基金以及小区停车、加装电梯、环境改造、农村"三留守"人员关爱等社区重要事务与实际问题的商议活动，共同协商解决社区发展中的问题，营造"有事好商量、请到议事厅""民事民议、民事民办、民事民管"的社区良好氛围。

3."平安建设"主题社区治理活动。坚持和发展新时代"枫桥经验"，把社区内不稳定因素解决在萌芽、化解在基层。充分发挥社区社会组织在社区治安综合治理中的积极作用，支持引导社区社会组织开展创新社会治理、社区矛盾化解、维护社会秩序、纠纷调解、心理服务等工作。结合"平安广州"建设工作要求，总结运用"大源经验"构建群防群治机制，推动社区社会组织参与平安社区建设，协助做好社区矫正、社区戒毒、重点人员帮扶、社区康复，有序参与应急救援、疫情防控等工作。针对社区治安、普法工作、环境卫生、物业管理、流动人口管理服务等社区突出问题，以社区社会组织为载体，广泛调动社区居民和驻社区单位参与治安巡逻、商圈整治、垃圾分类、就业对接等活动。

4."文化铸魂"主题精神文明创建活动。结合推动社会组织参与文明单位创建，以社区社会组织为平台，融合岭南文化精神，推进社区文明创建。发挥社会组织在丰富群众性文化活动、提升社区居民文明素养方面的作用，围绕践行社会主义核心价值观，指导社区社会组织广泛开展歌咏、读书、书法、朗诵、科普知识等群众性文化、教育活动，弘扬时代新风。发挥社区社会组织在社区文化建设中的积极作用，通过开展文化演出、非遗展示、民俗展演、文旅宣传、体育竞赛、地名文化等活动，推动形成具有本地特色的地名文化、社区文化、村镇文化、节日文化、广场文化。发挥城乡居民议事厅、道德评议会、红白理事会等在改革婚丧礼仪等方面的作用，紧扣移风易俗，强化村规民约的引导作用和约束力，倡导文明婚丧新风。

5."助力乡村振兴"主题公益互助活动。落实农村低收入人口常态化帮扶要求，引导农村服务类社区社会组织参与为低保对象、特困人员、返贫致贫人口、重度残疾人等提供生活、就业帮扶。支持社区社会组织承接政府购买服务，对农村社会救助家庭中生活不能自理的老年人、未成年人、残疾人等提供必要的访视、照料服务。支持农村社区社会组织因地制宜，组织村民参与农村厕所革命、生活垃圾和污水治理、村容村貌提升，增强农村社区服务能力。

（四）实施社区社会组织规范管理计划

到2023年，形成比较成熟的社区社会组织工作机制，社区社会组织管理、指导和服务更加有效，社区社会组织发展既充满活力又健康有序。

1. 落实党建责任。各区要建立健全社区社会组织党建工作机制，着力推进社区社会组织党的组织和党的工作有效覆盖，指导街道（乡镇）党（工）委和城乡社区党组织落实党建责任，围绕加强党对社区社会组织各项工作的领导、城乡社区党组织与社区社会组织定期联系、组织协调社区社会组织参与城乡社区共驻共建等制定工作方案、明确责任目标、细化工作任务。突出党建引领，创新工作机制，坚持因地制宜、分类指导，引导社区社会组织为群众办实事、解难题，发挥好基层党组织战斗堡垒和党员先锋模范作用，深化"令行禁止、有呼必应"党建引领基层共建共治共享社会治理格局。

2. 完善分类管理。按照《广州市社区社会组织管理办法（试行）》，符合条件的社区社会组织要依法登记；对规模较大但未达到登记条件的社区社会组织，由所在街道（乡镇）实施管理；规模较小、组织松散的社区社会组织，由城乡社区党组织领导，村（居）民委员会支持其开展活动。对未达到登记条件的社区社会组织，各区要结合实际进一步研究制定管理工作规程，细化工作内容和工作规范，指导街道（乡镇）、城乡社区落实相关要求。推动建立社区社会组织开展节庆活动、文化演出、体育竞赛、人员集会等重大活动报告制度。探索建立社区社会组织定期向村（居）"两委"报告工作，由村（居）"两委"和居民群众对社区社会组织工作进行评估评议制度，评估评议结果作为开展社区社会组织相关工作的重要参考。

3. 规范内部治理。指导社区社会组织参照民政部办公厅印发的《社区社会组织章程示范文本（试行）》通过内部民主议事程序制定简易章程，以章程为核心加强宗旨建设和自身管理，规范内部治理、资金使用和活动开展。完善组织机构民主选举、重大事项集体决策和信息公开等制度，强化决策公开和透明运作，提升社区社会组织公信力。引导社区社会组织遵纪守法、遵章守规，积极承担社会责任，强化自律管理。鼓励枢纽型社区社会组织、慈善会、基金会等为未达到登记条件的社区社会组织提供财务管理等服务，提升社区社会组织财务管理水平。

4. 建立评价体系。支持各区探索社区社会组织培育发展评价方式方法，以社区社会组织发挥作用为主要依据，综合考量党的建设、规范化程度、居民评价等指标，建立社区社会组织评价体系。引导依法登记的社区社会组织参与社会组织等级评估，对获得较高等级的社区社会组织按相关规定给予表彰奖励、宣传推广，在承接服务、委托事项等方面予以优先支持。

三　工作步骤

按照"坚持问题导向、坚持因地制宜"的原则，专项行动从2021年9月至2023年12月，分为培育发展、能力提升、示范引领三个阶段。

（一）第一阶段（2021年9月~2021年12月），培育发展阶段。主要任务是制定培育发展政策，研究制定对未达到登记条件的社区社会组织的管理工作规程，细化工作内容和工作规范，指导街道（乡镇）、城乡社区落实相关要求，完善培育发展机制，建设社区社会组织支持平台，打牢工作基础。指导并支持白云区民政局作为全省社区社会组织示范点试点单位的登记管理机关，加强对试点单位规范化、专业化、制度化建设的指导与服务。

（二）第二阶段（2022年1月~2022年12月），能力提升阶段。主要任务是以实施能力提升计划和作用发挥计划为重点，加强部门联动在政策、资金等方面优先给予指导和支持，将全省社区社会组织示范点试点单位的工作经验向我市其他区扩展，发挥好经验、好办法在孵化培育、示范引领、协调发展等方面的积极作用，全面推进我市社区社会组织示范点建设，指导各区每年创建1个社区社会组织示范

点，形成试点先行、以点带面的工作格局，推动社区社会组织数量和服务能力提升，促进社区社会组织健康有序发展。

（三）第三阶段（2023 年 1 月～2023 年 12 月），示范引领阶段。主要任务是巩固、提升前两年的培育发展成果，形成一批管理运行规范、作用发挥明显、社会影响力强的示范型社区社会组织，发挥典型示范引领作用，实现社区治理服务以点带面，长效发展。

四 组织实施

（一）建立健全工作机制。建立协调推进"社区社会组织的培育发展"工作机制，由市社会组织管理局牵头，市民政局基层政权建设和社区治理处、慈善事业促进和社会工作处按照各自职责分工，分别抓好相关指导工作。各区民政局要充分认识大力培育发展社区社会组织的重要性，积极争取支持，强化部门协同，完善工作机制，形成工作合力，确保各项工作落实到位；要加强调查研究，制定和落实好本地区社区社会组织发展规划，细化工作措施，分步骤、有重点地推进相关工作。要加强宣传引导，广泛调动社区居民和多方主体参与，推进共建共治共享的基层社会治理格局。

（二）压实压紧工作责任。培育发展社区社会组织作为贯彻落实中央、省委和省政府关于改革社会组织管理制度、促进社会组织健康有序发展要求的重点任务，已纳入全省民政工作综合评估，市民政局将推动纳入相关部门平安建设考核指标，加强工作指导。各区民政局要落实工作职责，督促指导基层组织细化实化工作措施。有条件的区要争取将社区社会组织发展纳入基层政府绩效考核、村（社区）"两委"班子目标责任考核、社区党组织书记年度述职内容，形成层层抓落实的责任体系。

（三）加强宣传典型引领。市民政局将围绕社区社会组织培育发展的重点内容，通过召开会议、网上平台沟通等方式促进工作交流，发挥网络、微博、微信等新媒体的作用，加强宣传解读和典型引领。各区要高度重视，采取有效措施加大宣传力度，扩大宣传广度，提高宣传精度；要注重提炼形成可推广、可复制的经验做法，通过模式总结、案例分析、理论研究等方式完善本地区社区社会组织发展思路和政策措施；要结合本地实际，通过组织各类交流展示活动，加大对社区社会组织优秀典型、先进事迹、特色服务的宣传、表扬力度。

Abstract

This is the 5th report on Guangzhou's philanthropy development published by the Social Sciences Academic Press (China), written by scholars, think-tank experts and experienced practitioners of social organizations organized by Guangzhou Charity Service Center and Guangzhou Charity Federation.

This report analyzes the new development tendency of Guangzhou's philanthropy in the year of 2021 and states that as the implementation of Promotion Regulations on Guangzhou's Philanthropy, Guangzhou philanthropy has stepped into a new stage. This new stage is featured in steady increase in the number of charitable organizations which amounts to 211, contribution of individual donations remarkably increases and the total amount of donations according to Guangzhou Top Charities amounts to 1. 823 billion, 422 community charitable funds are established and the policy support for community charity is further strengthened, the integration mechanism of social worker, community, social organization, community volunteer and community fund is continuously optimized, pathways for involvement of multiple agents in community governance are better ensured. Besides, additional 5 charitable trusts file records and continuous improvements on filing record management and supporting system are further made. Furthermore, city of philanthropy initiative is furthered by Panyu's initiative on building a district of philanthropy. Year 2022 would be a key connecting the past and future, which proposes higher requirements for further development as well. To stimulate vitality of charitable organizations, fully perform their functions in the third distribution and make contribution to common prosperity, this report proposes to implement 6 projects on foundation capacity improvement, reform and innovation of charitable federation, community charitable organization fostering, charitable service branding, philanthropic talent attraction, and collaborative platform construction, promoting high quality development of charitable organizations.

Based on detailed data and case study, this report is divided into five parts, including a general report and thirteen sub reports. The general report makes an overview on Guangzhou philanthropy development in past one year. The special reports contain six reports emphasizing on the function of charitable organizations in the third distribution, charitable donation, community philanthropy, corporate voluntary service and philanthropic talent cultivation etc. Two reports are categorized as industry report to review the development of foundations as well as the engagement of social work service into epidemic prevention and control. Five reports on annual hot topics are compiled into a separate part to review innovative explorations and practices in Guangzhou, including that party building leads high quality philanthropy development, construction of the district of philanthropy, culture of philanthropy, law popularization regarding to philanthropy, and collaborative mechanism construction among philanthropy, social work and volunteer. Countermeasures and suggestions are presented at the end of each report as references for the Party, governmental divisions and charitable organizations.

Keywords: Charitable Organization; High Quality Development; the Third Distribution; Guangzhou

Contents

I   General Report

Abstract: Up until dec. 31st, 2021, the total amount of charitable organizations reached to 211, accounting for 12.1% of total number of Guangdong Province. This report analyzes overall tendency and main problems in the development process of charitable organizations, and presents six suggestions as follows. Concretely, to implement six projects to comprehensively promote philanthropy development in Guangzhou, that is, capacity improvement of foundations to stimulate their vitality, reform and innovation of charity federation for better performance as a regional pivot of charity, community charitable organization fostering to strengthen construction of community philanthropy undertakers, charitable service branding to build and publicize Guangzhou standard in this area, promotion of philanthropic professionals clusters to serve for high quality development of philanthropy, and collaborative platform construction to promote philanthropy better serve for national and local economic and social development.

Keywords: Philanthropy; Charitable Organization; City of Philanthropy; Guangzhou

Ⅱ   Special Reports

Abstract: Up until 31st Dec. 2021, there were totally 211 charitable organizations in Guangzhou with an annual net increase of 26 compared with the number of the year 2020. Among these were 11 organizations with approval of public fundraising, account for 5.2% of the total number. This report proposes four suggestions for further promoting the development of charitable organizations in Guangzhou. Firstly, to encourage more charitable organizations with full qualifications to apply for approval of public fundraising. Secondly, designing and developing public fundraising programs with Guangzhou local features. Thirdly, upgrading community philanthropy funds and charitable organizations' capability in community resource mobilization. Lastly, charitable organizations should be positively adaptive to digitalization, cyberization and intelligentization, enhancing informationization of philanthropy to increase transparency of charitable organizations.

Keywords: Charitable Organization; Charity Federation System; Public Fundraising; Guangzhou

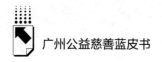

B . 3　Analysis on Charitable Organizations Function

　　in the Third Distribution　　　　*Zhou Yuanyuan* / 040

Abstract: This report discusses the functions charitable organizations perform in the third distribution. Based on the data from the thematic investigation to charitable organizations, this report outlines the development and analyzes the problems, so as to present suggestions for future development in the context of the third distribution. This report states that charitable organization is a core subject in the third distribution and for realization of common prosperity, contributing to forming economic basis for the third distribution through resource mobilization and resource distribution. As to the development of charitable organizations, there is insufficiency in incentive, the management fee limit is strict, and the professionals are insufficient, in spite of an overall sound development tendency, which needs to be strengthened in the perspectives of resource mobilization and distribution.

Keywords: Charitable Organization; Resource Mobilization; Resource Distribution; the Third Distribution; Common Prosperity

B . 4　Analysis Report on Donation of Guangzhou Top

　　Charities 2021　　　　*Zhang Wei, Lan Guangyu* / 053

Abstract: As the city of philanthropy, Guangzhou has been endeavoring to innovate operation mechanism of philanthropy and has achieved remarkable outcomes, especially featured in charitable donations. According to the data released by Guangzhou Top Charities 2021, the total donation reaches to 1. 823 billion. Donation from organizations is 1. 398

billion, accounting for a good share of 76.7%. And donation from individuals is 425 million, accounting for 23.3%. In terms of specific distribution, Charity federation system is the main recipient for donation and education and rural revitalization attract the most donation. Based on data analysis, this report presents four suggestions to further build charitable donation system. Firstly, strengthening donation network maintenance of head institutions and developing middle-level institutions and individuals for donation. Secondly, innovating the way of participation in philanthropy and providing multiple choice for donation. Thirdly, promoting collaboration in Guangdong-Hongkong-Macao Greater Bay Area through performing pivotal function of charity federation. Finally, enhancing professional and sustainable development capability of social organizations.

Keywords: Charitable Donation; Guangzhou Top Charities; Epidemic Prevention and Control; Rural Revitalization

B.5 Report on Community Philanthropy in Guangzhou

Xie Qiong / 070

Abstract: Community philanthropy is an important type of philanthropy, which mobilizes social and community resources to deal with problems in the process of community development, realizing the aim to improve community environment and civil welfare. Community philanthropy in Guangzhou has gone through three stages. The period before the year 2016 was a stage of basis enhancement. During the year 2016 to 2019, community philanthropy development witnessed a stage of framework building. Currently, community philanthropy is marching towards high-quality developing. In order to better promote community

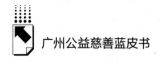
philanthropy, this report makes suggestions on three aspects. Firstly, lowering the registration requirements for community charitable organizations. Secondly, straightening relations between government and society and establishing a collaborative governance mechanism. Last but not the least, developing multiple operation modes and improving supportive networks.

Keywords: Community Philanthropy; Community-based Organization; Guangzhou

B.6 Research Report on Guangzhou Corporate Voluntary Service in the Context of Common Prosperity

Wang Zhongping, *Liu Yongli and Lin Haiping* / 084

Abstract: As a key component of corporate social responsibility, corporate voluntary service is significantly meaningful for realization of common prosperity. Corporate voluntary service in Guangzhou is featured in four aspects. As to service area, corporate voluntary service center covers extensive service areas. In terms of program management, corporate independent innovation and professional collaboration are parallelly conducted. As to institution building, training on corporate employee volunteers is stressed and participation in it is stimulated. In respect of service outcome, it shows that voluntary service could take full advantage of corporate expertise to help realizing mutual promotion of both parties of corporate and social values.

Keywords: Voluntary Service; Corporate Social Responsibility; Guangzhou

Abstract: High quality team of professionals ensures sustainable development of philanthropy. In recent years, Guangzhou has emphasized on cultivating professionals of philanthropy and promoting philanthropic education. In practice, Guangzhou attaches equal importance to education and research related to philanthropy, building a multi-level supporting system for talent development. Furthermore, laying stress on local knowledge production. Besides, Guangzhou's talent cultivation is featured in exploring collaboration mode on talent cultivation cross regionally, integrating educational idea and information technology into philanthropic education. This report states that future development of philanthropic talent cultivation relies on deeply involving internet technology and modern educational idea into philanthropic talent cultivation, addressing topics of community philanthropy and voluntary service, promoting collaboration between higher education institutions and social organizations, and widening pathways for professionalized development.

Keywords: Talent Cultivation; Construction of Talent Team; Philanthropic Education

III   Industry Reports

Abstract: This report makes an overview on the development of foundations in Guangzhou and shows some findings. To be specific, there

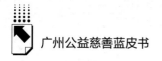
is a steady increase in the number of 2021, and registered capital is not high. Besides, the number of 3A and above foundations is small. This report then discusses how foundations perform in ecological environment protection, rural revitalization, community philanthropy, disaster charity and international communications. At last, a series of measures to promote high quality development of foundations in Guangzhou are proposed. Firstly, strengthening party building to ensure development direction and vitality of foundations. Secondly, further optimizing environment for philanthropy development through improving policy and public service system. Thirdly, fostering foundations serving as hubs. Last but not the least, increasing professional capability of foundations in perspectives of developing grant-making foundations with national influence, bringing in and cultivating professionals, and strengthening communications cross regionally.

Keywords: Foundation; Charitable Program; Guangzhou

B.9 Guangzhou Social Workers' Practice of Multiple
Philanthropic Service in Epidemic
Prevention and Control   *Duan Pengfei* / 125

Abstract: Under impact of Covid-19 pandemic, the increase in the number of vulnerable people brings greater challenges and risks to social work than usual. To deal with these challenges, in response to mobilization by the Party and government at different levels, social workers in Guangzhou implement all kinds of service, promoting integrated development of social work plus philanthropy and achieving greatly. These effective measures are as following five aspects. Firstly, initiating Hongmian Hotline to provide epidemic control consultancy, psychological counselling and life assistance. Secondly, mobilizing multiple resources to provide online counselling and onsite service, to ensure the basic life guarantee for vulnerable groups. Thirdly, helping farmers through applying platforms of social work and voluntary service into product selling. Fourthly, dealing with life problems of primary-level social workers, volunteers and vulnerable people through building a service platform. And lastly raising funds and life materials for vulnerable groups through donation spots set in social worker stations. The valuable lessons are summarized in the report that integrated development of social work plus philanthropy is a win-win countermeasure, social work organization is effective force to promote community philanthropy, social work service could contribute to building an emergency response system of philanthropic service and providing targeted service.

Keywords: Social Work; Covid-19 Pandemic; Integrated Development; Guangzhou

Ⅳ   Hot Topics

B.10   Party Building Leads High Quality Development
of Philanthropy—Guangzhou's Practice   *Xu Yahui* / 140

Abstract: In 2021, centering on celebrating the 100th anniversary of the founding of the CPC, Guangzhou further enhanced party history education, implemented the activity of serving for the people, continuously carried out the action of "Dangjianqiang, Cishanhong", and made endeavors to brand building on "loyalty to the party, philanthropy for the people". Stressing on party building plus idea leading, party building plus organization building and party building plus philanthropic service,

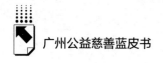

charitable organizations in Guangzhou kept innovating the mode of party building plus philanthropy, politically and organizationally ensuring high quality development of philanthropy.

Keywords: Party Building Leads; Philanthropy; Guangzhou

B.11   Building A District of Philanthropy—Panyu's Exploration

Deng Ronglan / 149

Abstract: Panyu district firstly embarked on building a district of philanthropy in response to Guangzhou's strategic planning of city of philanthropy in May 2021, and released a Working Plan of Building the District of Philanthropy from 2021 to 2023 as well in September. Panyu district performs its function as a pivot to promote supporting network building, fostering community funds, further widening fund raising channels, brand building on venture philanthropy. All these actions greatly promote the innovative development of philanthropy in Panyu district.

Keywords: District of Philanthropy; Community Fund; Venture Philanthropy; Panyu District

B.12   Outline on Philanthropy Month of the City of Goats
         and Philanthropic Culture Building   *Xu Yahui* / 155

Abstract: In September 2021, government at different levels collaboratively mobilized participation of resources of all kinds and multiple agents to participate in the first Philanthropy Month of the City of Goats. Outcomes of building the city of philanthropy are displayed through law popularization, charity fundraising, philanthropic advocacy, and discussion on thematic forum, improving awareness of philanthropy and participation of citizens. To further popularize the idea that everyone's participation in philanthropy is for everyone, this report suggests enhancing philanthropic culture in community to effectively stimulate vitality of community philanthropy.

Keywords: Philanthropy Month of the City of Goats; Philanthropic Culture; Guangzhou

B.13 Innovative Exploration on the Mode of Law Popularization

of Promotion Regulations on Guangzhou Philanthropy

Yan Guowei / 162

Abstract: With the official opening of the 14th Five-Year Plan for civil affairs and the 8th Five-Year Plan of law advocacy and education in 2021, Guangzhou welcomed its strategic opportunity for its rule of law of philanthropy. Promotion Regulations on Guangzhou Philanthropy was officially implemented on 1st Sept. 2021, contributing further to a solid basis of rule of law for high quality development of philanthropy. To further promote advocacy and implementation of the Regulations, Guangzhou has constructed a working mode of equally addressing social and industry law popularization, and integrating law popularization and enforcement. Meanwhile, to explore multiple approaches of law popularization and to make continuous improvement on effectiveness, contextualization and multi-dimension of law popularization. Through these initiatives, public awareness of rule of law on philanthropy are effectively strengthened.

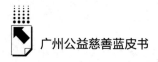
Keywords: Local Legislation on Philanthropy; Law Popularization; Guangzhou

B.14 Collaboration Mechanism Construction of Philanthropy, Social Work and Voluntary Service in Epidemic Prevention and Control *Yan Guowei* / 169

Abstract: Construction of the city of philanthropy is highlighted in promoting integrated development of philanthropy, social work and voluntary service. To deal with the local epidemic in May 2021, charitable organizations, social work organizations and voluntary service organizations in Guangzhou greatly functioned in human resource backup, professional support, material resource mobilization, support for vulnerable groups, through constructing a collaboration mechanism and platform. To optimize this mechanism, this report presents three suggestions. Firstly, to build a normalized working mechanism for capacity building of community emergency response. Secondly, to improve regulations and industry standards related to participation in emergency response. Lastly, to upgrade the informationization of community epidemic prevention and control.

Keywords: Epidemic Prevention and Control; Charitable Organization; Social Work Organization; Voluntary Service Organization; Collaboration Mechanism

Ⅴ Appendices

皮 书

智库成果出版与传播平台

❖ 皮书定义 ❖

皮书是对中国与世界发展状况和热点问题进行年度监测，以专业的角度、专家的视野和实证研究方法，针对某一领域或区域现状与发展态势展开分析和预测，具备前沿性、原创性、实证性、连续性、时效性等特点的公开出版物，由一系列权威研究报告组成。

❖ 皮书作者 ❖

皮书系列报告作者以国内外一流研究机构、知名高校等重点智库的研究人员为主，多为相关领域一流专家学者，他们的观点代表了当下学界对中国与世界的现实和未来最高水平的解读与分析。截至 2021 年底，皮书研创机构逾千家，报告作者累计超过 10 万人。

❖ 皮书荣誉 ❖

皮书作为中国社会科学院基础理论研究与应用对策研究融合发展的代表性成果，不仅是哲学社会科学工作者服务中国特色社会主义现代化建设的重要成果，更是助力中国特色新型智库建设、构建中国特色哲学社会科学"三大体系"的重要平台。皮书系列先后被列入"十二五""十三五""十四五"时期国家重点出版物出版专项规划项目；2013~2022 年，重点皮书列入中国社会科学院国家哲学社会科学创新工程项目。

皮书网

（网址：www.pishu.cn）

发布皮书研创资讯，传播皮书精彩内容
引领皮书出版潮流，打造皮书服务平台

栏目设置

◆ **关于皮书**
何谓皮书、皮书分类、皮书大事记、
皮书荣誉、皮书出版第一人、皮书编辑部

◆ **最新资讯**
通知公告、新闻动态、媒体聚焦、
网站专题、视频直播、下载专区

◆ **皮书研创**
皮书规范、皮书选题、皮书出版、
皮书研究、研创团队

◆ **皮书评奖评价**
指标体系、皮书评价、皮书评奖

◆ **皮书研究院理事会**
理事会章程、理事单位、个人理事、高级
研究员、理事会秘书处、入会指南

所获荣誉

◆ 2008 年、2011 年、2014 年，皮书网均
在全国新闻出版业网站荣誉评选中获得
"最具商业价值网站"称号；
◆ 2012 年，获得"出版业网站百强"称号。

网库合一

2014年，皮书网与皮书数据库端口合
一，实现资源共享，搭建智库成果融合创
新平台。

皮书网

"皮书说"
微信公众号

皮书微博

权威报告·连续出版·独家资源

皮书数据库
ANNUAL REPORT(YEARBOOK)
DATABASE

分析解读当下中国发展变迁的高端智库平台

所获荣誉

- 2020年，入选全国新闻出版深度融合发展创新案例
- 2019年，入选国家新闻出版署数字出版精品遴选推荐计划
- 2016年，入选"十三五"国家重点电子出版物出版规划骨干工程
- 2013年，荣获"中国出版政府奖·网络出版物奖"提名奖
- 连续多年荣获中国数字出版博览会"数字出版·优秀品牌"奖

皮书数据库

"社科数托邦"
微信公众号

成为会员

登录网址www.pishu.com.cn访问皮书数据库网站或下载皮书数据库APP，通过手机号码验证或邮箱验证即可成为皮书数据库会员。

会员福利

- 已注册用户购书后可免费获赠100元皮书数据库充值卡。刮开充值卡涂层获取充值密码，登录并进入"会员中心"—"在线充值"—"充值卡充值"，充值成功即可购买和查看数据库内容。
- 会员福利最终解释权归社会科学文献出版社所有。

数据库服务热线：400-008-6695
数据库服务QQ：2475522410
数据库服务邮箱：database@ssap.cn
图书销售热线：010-59367070/7028
图书服务QQ：1265056568
图书服务邮箱：duzhe@ssap.cn

社会科学文献出版社 皮书系列
SOCIAL SCIENCES ACADEMIC PRESS (CHINA)
卡号：357458174457
密码：

S 基本子库
SUB DATABASE

中国社会发展数据库（下设 12 个专题子库）

紧扣人口、政治、外交、法律、教育、医疗卫生、资源环境等 12 个社会发展领域的前沿和热点，全面整合专业著作、智库报告、学术资讯、调研数据等类型资源，帮助用户追踪中国社会发展动态、研究社会发展战略与政策、了解社会热点问题、分析社会发展趋势。

中国经济发展数据库（下设 12 专题子库）

内容涵盖宏观经济、产业经济、工业经济、农业经济、财政金融、房地产经济、城市经济、商业贸易等 12 个重点经济领域，为把握经济运行态势、洞察经济发展规律、研判经济发展趋势、进行经济调控决策提供参考和依据。

中国行业发展数据库（下设 17 个专题子库）

以中国国民经济行业分类为依据，覆盖金融业、旅游业、交通运输业、能源矿产业、制造业等 100 多个行业，跟踪分析国民经济相关行业市场运行状况和政策导向，汇集行业发展前沿资讯，为投资、从业及各种经济决策提供理论支撑和实践指导。

中国区域发展数据库（下设 4 个专题子库）

对中国特定区域内的经济、社会、文化等领域现状与发展情况进行深度分析和预测，涉及省级行政区、城市群、城市、农村等不同维度，研究层级至县及县以下行政区，为学者研究地方经济社会宏观态势、经验模式、发展案例提供支撑，为地方政府决策提供参考。

中国文化传媒数据库（下设 18 个专题子库）

内容覆盖文化产业、新闻传播、电影娱乐、文学艺术、群众文化、图书情报等 18 个重点研究领域，聚焦文化传媒领域发展前沿、热点话题、行业实践，服务用户的教学科研、文化投资、企业规划等需要。

世界经济与国际关系数据库（下设 6 个专题子库）

整合世界经济、国际政治、世界文化与科技、全球性问题、国际组织与国际法、区域研究 6 大领域研究成果，对世界经济形势、国际形势进行连续性深度分析，对年度热点问题进行专题解读，为研判全球发展趋势提供事实和数据支持。

法律声明